13 principios de éxito del mayor entrenador de líderes cristianos

Principios de la vida de Haggai

JOHN EDMUND

HAGGAI

EDITORIAL PATMOS

Principios de la vida de Haggai:
13 principios de éxito del mayor entrenador de líderes cristianos

Publicado por Editorial Patmos,
Miami, FL. 33169

Publicado originalmente en inglés por Harvest House Publishers,
Eugene, Oregon 97402, con el título *Success Secrets of The Bible*

Traducido por Rogelio Díaz Díaz
Edición Roberto Cabrera
Diseño de portada Adrián Romano

ISBN 13: 978-1-58-802741-2

Categoría: Vida Cristiana

Impreso en Brasil | *Printed in Brazil*

Contenido

Dedicatoria

Dedico este libro a la facultad del Instituto Haggai en todo el mundo, incluyendo a los profesores internacionales, además de los seminarios del Medio Oriente, a los de habla mandarín (chino), así como nacionales. Cada uno de ellos ha demostrado la clase de éxito del cual podemos leer en Josué 1:8:

> Nunca se apartará de tu boca este libro de la ley, sino que de día y de noche meditarás en él, para que guardes y hagas conforme a todo lo que en él está escrito; porque entonces harás prosperar tu camino, y todo te saldrá bien.

Colectivamente, este profesorado ha influenciado a millones de personas (¡lee usted bien, millones!) para que logren el verdadero éxito, a través de los 184 países en los cuales viven y trabajan los alumnos egresados. Dios ha usado a estos líderes para que transformen sus propias sociedades y ellos personifican lo que enseñan. Sus esfuerzos se enfocan en el blanco: presentar el evangelio sin hacer concesiones y sin ofender. Ciertamente, ellos están poblando el cielo y solo la eternidad revelará el gran impacto de las victorias de Dios a través de ellos.

Muchos egresados me han escrito sobre el ánimo que les infundieron los miembros de la facultad, haciendo con esto una realidad el hecho de que los egresados tuvieran la oportunidad de transformar sus culturas. Estos ex alumnos representan diversos niveles de intelectualidad, todos los estilos de vida así como todo tipo de vocación de liderazgo. Entre ellos tenemos líderes gubernamentales (desde alcaldes hasta jefes de Estado), jueces de Cortes Supremas, médicos y cirujanos, magnates de medios de comunicación (tanto impresos como electrónicos), presidentes y profesores de universidades, escritores, líderes de negocios multinacionales, urbanistas, financieros, ingenieros, trabajadores, banqueros... de todo, juntos representan alrededor de 115 profesiones distintas. Ellos están impactando al mundo. Algunos de ellos aparecieron en la lista de la revista *Time* de las 100 personas más influyentes en el mundo. Una dama, miembro de la alta sociedad de las Filipinas, me contó, con lágrimas en sus ojos, que por medio del adiestramiento brindado por los excelentes y destacados conferencista del Instituto Haggai encontró propósito y significado para su vida. Ella expresó: "Me siento veinte años más joven y visualizo el futuro con indescriptible esperanza." Tiempo después, ella ahora forma parte de nuestra facultad.

Me faltan palabras y me esfuerzo por expresar la profunda gratitud que siento por estas personas maravillosas a quienes dedico este libro. Sus vidas y sus logros no tienen descripción.

¿Por qué la Biblia contiene los secretos del éxito?

> Nunca se apartará de tu boca este libro de la ley, sino que de día y de noche meditarás en él, para que guardes y hagas conforme a todo lo que en él está escrito; porque entonces harás prosperar tu camino, y todo te saldrá bien (Josué 1:8).

Dios promete el éxito a todos aquellos que siguen esta fórmula, a quienes se concentran en las enseñanzas de la Palabra de Dios —"este libro de la ley." A todos aquellos que hacen de la Palabra de Dios el tema de su conversación, así con otros como consigo mismo, y a quienes meditan y buscar *hacer* según lo que está escrito, les está garantizado el éxito. La palabra "meditar" significa mucho más que un acto de contemplación, conlleva la idea de que uno debe reflexionar sobre la Palabra de Dios de una manera cuidadosa, aplicando sus verdades a cada faceta de la vida.

> Bienaventurado el varón
> que no anduvo en consejo de malos,
> Ni estuvo en camino de pecadores,
> Ni en silla de escarnecedores se ha sentado;
> Sino que en la ley de Jehová está su delicia,
> Y en su ley medita de día y de noche. (Salmo 1:1-2)

El éxito prometido por Dios está garantizado por Él mismo. Puede que el éxito no surja de inmediato, pero surgirá. La gente no habría considerado a Jesús como una persona exitosa en las horas previas a su crucifixión. La cruz parecía poner un súbito final a su vida. Sin embargo, después de la cruz ocurrió la resurrección. El número de cristianos hoy día alcanza los 2,100 millones comparado con, tal vez, 200 seguidores el día en que Jesús murió. Jesucristo dijo: "En el mundo tendréis aflicción; pero confiad, yo he vencido al mundo."

Como ejemplo del éxito de un hombre, por haberlo conseguido a la manera de Dios, consideremos al misionero pionero Adoniram Judson. Cuando Judson comenzó su misión en Birmania (llamado ahora Myanmar), se trazó la meta de traducir la Biblia y establecer una iglesia con cien miembros antes de su muerte. Cuando murió, dejó la Biblia traducida, cien iglesias y más de ocho mil creyentes. En gran manera, debido a su influencia, Myanmar tiene la tercera mayor población de bautistas en el mundo, después de los Estados Unidos y la India.

Cada mes de julio las iglesias bautistas en Myanmar celebran el "Día de Judson" en el que conmemoran su llegada como misionero. Dentro del complejo de las instalaciones de la Universidad de Yangon se encuentra la Iglesia Hudson, nombrada así en su honor. En 1920 la Universidad Hudson, llamada así en su honor, se convirtió en la Universidad de Rangún, la cual, desde entonces, ha sido renombrada como Universidad Yangon.

Judson compiló por primera vez, en toda la historia, el primer diccionario birmano-inglés. La mitad del diccionario inglés-birmano se interrumpió a causa de su muerte y fue completado por el misionero E.A. Steven. Todos los diccionarios y gramáticas escritas en Birmania, en los últimos dos siglos, se han basado en los originales creados por Judson, quien se "convirtió en un símbolo de la supremacía de la traducción de la Biblia por misioneros protestantes."[1]

En la década de 1950, el primer ministro de Birmania, un budista, expresó al Concilio Cristiano de Birmania lo siguiente: "Oh no, no es necesaria una nueva traducción. Judson recoge el idioma y los modismos de los birmanos perfectamente, y todo es muy claro y comprensible."[2] Hasta hoy, su traducción sigue siendo la versión más popular en Myanmar.[3] Al menos, 36 iglesias bautistas en los Estados Unidos tienen el nombre de Judson, como también la Judson University, en Illinois. Al Judson College, en Alabama, se le llama así en honor a su esposa Ann. Aunque Judson llegó a ser bautista, se le rinden honores con un día festivo en el calendario litúrgico de la Iglesia Episcopal (USA) el doce de abril. Durante la Segunda Guerra Mundial, al buque de guerra Adoniram Judson se le llamó así en su honor.

He expuesto hasta aquí mis argumentos con relación a su éxito. Siga el consejo de este mundo y podrá tener sus quince minutos de fama. Pero siga las enseñanzas o la senda de la Palabra de Dios en la Biblia y cambiará su vida, y las de aquellas personas que usted conoce.

Capítulo 1

El mundo dice: "No seas tonto"

~

La Biblia enseña: "Conoce hacia dónde te diriges"

Necesito que sea honesto consigo mismo. Si no está preparado para confrontar y lidiar con sus debilidades puede dejar de leer este libro ahora mismo. Simple y llanamente, no tiene lo que se necesita para triunfar. Podría ahorrarse el tiempo de estar hojeando estas páginas. Si va a ser honesto, comience respondiendo esta pregunta: Si el hacer lo correcto pudiera dañar su reputación, exponerle al ridículo, o acarrearle la censura de parte de otros, ¿lo haría de todas maneras? Estoy haciéndole esta pregunta porque la ruta hacia el éxito implica algunas decisiones difíciles. Implica acciones que otras personas —incluyendo sus amigos y sus familiares— hallarán difíciles de digerir.

De modo que usted puede elegir. O bien se rinde y hace lo que todo el mundo hace, o traza tu propio curso porque sabe lo que quiere lograr. Este es el primer secreto que conduce al éxito y que encontrará en la Biblia, y no es de sorprender que se encuentre al principio, en el libro de Génesis. Lea la historia de Noé en Génesis capítulos 6 al 9. Cuando Noé puso manos a la obra para construir el arca, la gente debió haber pensado que había perdido la cordura. Le faltaban todas las habilidades que se pudieran imaginar, vivía a más de 150 km de mar abierto y no había nada en la situación meteorológica de entonces que justificara lo que estaba haciendo. Su proyecto parecía una locura. Aún así, continuó trabajando en el arca durante ciento veinte años.

> Por la fe Noé, cuando fue advertido por Dios acerca de cosas que aún no se veían, con temor preparó el arca en que su casa se salvase; y por esa fe condenó al mundo, y fue hecho heredero de la justicia que viene por la fe (Hebreos 11:7).

Marcar las pautas no siempre te hace popular

Avancemos rápido hasta Elías, en el libro de 1 de Reyes. Elías puso su nombre en peligro ante Acab el rey de Israel. Le dijo al rey: "Vive Jehová Dios de Israel, en cuya presencia estoy, que no habrá lluvia ni rocío en estos años, sino por mi palabra" (1 Reyes 17.1). Probablemente Acab pensó que Elías estaba desquiciado mentalmente y, sin duda, la opinión pública habría estado del lado de Acab. Sin embargo, a la mañana siguiente no había rocío y en los valles no se veía ninguna neblina. Mes tras mes, no se vio ninguna nube. El borboteante manantial en la ladera de la montaña desapareció. El pequeño riachuelo que anteriormente se extendía sobre las rocas y a los lados de la montaña desapareció. Al final, se pudo escuchar un lamento en la tierra. Como resultado de la ausencia de lluvia, una hambruna se cernía como una serpiente.

Eso no hacía nada fácil la vida para Elías. Ahora, el corrupto rey comenzó a poner atención. Acab se propuso encontrar al hombre que había profetizado la hambruna. Lo buscó por todas partes. Fue a las naciones vecinas y les hizo jurar que no había escondido a ese hombre. En el segundo año la gente, indudablemente, estaba emigrando en caravanas de ese país desolado y abandonado por Dios. En el tercer año todavía no había rocío ni lluvia. Seis meses después, Acab y su jefe de personal, Abdías, fueron en direcciones contrarias examinando minuciosamente el país en la búsqueda de Elías.

Imagine el cuadro. Piense en la desolación que había en todas partes: huesos de animales decolorados, arroyos secos, ausencia de vegetación, sed y hambre por doquier, procesiones fúnebres llevando a los muertos, pestilencia, hambruna, ruina y desolación de un extremo de la tierra al otro. Abdías, finalmente, encontró a Elías y, temblando como una hoja en el viento del otoño, le dijo a Elías que Acab lo mataría si se atrevía a regresar si no la traía detenido. Abdías había sido un hombre valiente. Cuando Jezabel estaba asesinando a los líderes de Dios, él los escondió en grupos de cincuenta en una cueva. Por tanto, Elías fue con Abdías.

Cuando Acab vio a Elías le dijo: " ¿Eres tú el que turbas a Israel?" (1 Reyes 18:17). Elías replicó que no era él sino Acab mismo quien había turbado a los israelitas haciendo que olvidaran los mandamientos del Señor y que siguieran al dios pagano Baal. En efecto, Elías le dijo al rey: *"Yo no soy el problema, tú eres el problema"*. ¡Eso sí que era valentía! Elías acusó al rey Acab de haber traído ruina sobre la nación. Bien pudo también haberle dicho *"Te advertí que esto ocurriría"*. Luego Elías hizo una proposición. Le dijo a Acab que organizara una reunión a campo abierto en la cumbre del Monte Carmelo. "Envía, pues, ahora y congrégame a todo Israel en el monte Carmelo, y a los cuatrocientos cincuenta profetas de Baal, y los cuatrocientos profetas de Asera, que comen de la mesa de Jezabel" (18:19). Cuando todos se habían juntado, Elías dijo: " ¿Hasta cuándo claudicaréis vosotros entre dos pensamientos? Si Jehová es Dios, seguidle; y si Baal, id en pos de él. Y el pueblo no respondió palabra" (18:21). Entonces, Elías desafió al pueblo a poner un sacrificio en un altar y a clamar a su dios, Baal, para que enviara fuego y consumiera el sacrificio. Y eso hicieron.

Los ochocientos cincuenta falsos profetas oraron, danzaron y aun se hicieron cortes en el cuerpo para que Baal les hiciera caso. Sin embargo, no pasó nada. No hubo fuego que consumiera su ofrenda. Elías se burló de ellos preguntando si acaso Baal estaba tomando la siesta de la tarde y no podía oírles. Finalmente, ya cansados, se dieron por vencidos.

Después, Elías reparó el altar del Señor que había sido arruinado. Colocó el sacrificio sobre el altar y, para dejar muy en claro lo que trataba de decir, ordenó también a los hombres que echaran agua sobre la madera, lo cual hicieron. Les dijo que lo hicieran una vez más, y luego una tercera, y así lo hicieron. El agua llenó la zanja que Elías había cavado alrededor del altar. Luego, en respuesta a la breve oración que Elías hizo al Dios de Abraham, Isaac e Israel, el fuego del Señor cayó y consumió el sacrificio, la madera, las piedras, el polvo y aun el agua de la zanja. Fue entonces que Elías predijo que llovería. Lo hizo con gusto, diciéndole a Acab: "Una lluvia grande se oye" (18:41). Después, se sentó en la cumbre de la montaña, se inclinó hasta el suelo, puso su rostro entre sus rodillas y le dijo a su siervo que fuera y mirara hacia el mar a ver si veía una nube. El siervo fue seis veces y regresó informando que no veía nada. La séptima vez regresó y dijo: "Yo veo una pequeña nube como la palma de la mano de un hombre, que sube del mar" (18:44).

Muchos inversionistas del siglo XXI dicen *"La tendencia es tu amiga."* ¿Qué tendencia observó Elías? Sol, sol y más sol, seguida de una nube muy pequeña y distante. ¿Qué podría usted proyectar a partir de allí? ¿Qué sería lo tangible para su premisa en cuanto a su planificación y su seguridad futuras? Elías tenía la promesa expresa, de parte de Dios, de que iba a llover, y *actuó* con base en esa promesa. *Oró.*

Las nubes se fueron oscureciendo. Elías le advirtió a Acab que se apresurara a ir a Jezreel adelantándose a la tormenta. (Haciendo un paréntesis: Elías era una persona dinámica. Corrió al frente del carruaje los veinte kilómetros que había desde el Carmelo hasta Jezreel). Tanto Noé como Elías escogieron no seguir la tendencia del momento. Con mucha seriedad se salieron de la vía. Se internaron en un territorio en el cual ni siquiera un vehículo todo terreno les sería de utilidad. ¿Por qué razón? Porque la visión que los guió no era el tipo de visión que tenemos frente a nuestra nariz. Era una visión de lo que es posible por el poder de Dios. Estos hombres podían haber flaqueado, pero no lo hicieron. En vez de eso, decidieron correr el riesgo de obedecer las órdenes de Dios. Cada uno de ellos actuó de inmediato con base en la visión. No hubo postergación. No hubo la espera para un momento más conveniente. Nada de tendencias ni de evasiones. Ellos vieron y actuaron.

La dinámica bíblica de una visión

En mi libro *The Influential Leader,* he escrito en detalle acerca de la visión. "Visión" es la palabra que se usa en la Biblia para referirse a un plan central, duradero y fundamental. Una visión evita que usted vaya a la deriva. Mantiene unida y por buen camino a una organización. Salomón, el hombre más sabio de todos los tiempos, dijo: "Donde no hay visión, el pueblo se extravía" (Proverbios 29:18 NVI).

La palabra hebrea traducida "extravía" también puede traducirse como "pierde la compostura". Ninguna actividad, en los negocios o en cualquier otra área, tendrá éxito a menos que haya una visión que integre el esfuerzo, la motivación y lealtad de las personas involucradas. Sin ese fundamento sólido como una roca, el personal se fragmentará, se volverá criticón y, a veces, destructivo. Nehemías, el líder del Antiguo Testamento, tuvo la visión de una muralla protectora que rodeaba la ciudad de Jerusalén. Pidió permiso para ausentarse del servicio al rey de Persia y viajó a Jerusalén donde encontró obstáculos insoportables, el ridículo e intentos de sabotaje. Sin embargo, gracias a la firmeza de su visión podemos leer estas grandiosas palabras: "Fue terminado, pues, el muro" (Nehemías 6:15).

Se necesita determinación.

Charles Spurgeon, el clérigo más famoso del siglo XIX, advirtió a sus estudiantes en Londres que siguieran hacia adelante con "ojos que no ven y oídos que no oyen". En otras palabras, que no oyeran nada que los descarriara de su compromiso con la visión. Y que no vieran nada que, de igual manera, neutralizara su visión y disminuyera su efectividad. Siga el consejo que recibió Josué: "No te apartes de ella (*de la ley o la Palabra*) ni a diestra ni a siniestra, para que seas prosperado en todas las cosas que emprendas". (Josué 1:7) En Proverbios 3:5-6 encontramos un consejo semejante:

> Fíate de Jehová de todo tu corazón, Y no te apoyes en tu propia prudencia. Reconócelo en todos tus caminos, Y él enderezará tus veredas.

¿Cómo sabe usted lo que quiere?

Michael Rozak pasó muchos años trabajando en una compañía de relaciones públicas de Nueva York. Se cansó de la lucha constante por obtener dinero y se retiró a Brattleboro, Vermont, donde comenzó un negocio de corretaje. No le vendía ningún negocio a nadie, a menos que hubieran escrito cincuenta páginas sobre lo que querían hacer con el negocio. Algunos llegaban a escribir media página y decían "*Eso es todo*". Pero él los obligaba a seguir escribiendo. ¿Quién se encargará del negocio? ¿Cómo se mantendrán las puertas abiertas si la persona clave se enferma?

¿Abrirán los días de fiesta, y si es así, en cuáles de ellos? ¿Qué tipo de programa de jubilación ofrecerá a sus empleados? Descubrió que hasta que no forzara a la gente a ir a lo profundo de su subconsciente y de sus entrañas, no estaban listos para hacer negocios. Llegó a vender 103 negocios, de los cuales 102 prosperaron más allá de los sueños más entusiastas de sus propietarios. Uno de ellos fracasó, según lo expresó Rozak, porque él estaba en el noroeste, en una boda, y no pudo mirar por encima del hombro de esa persona para asegurarse de que continuaba escribiendo.

Como reza el viejo dicho: *¿Cómo puedo saber lo que pienso sino hasta haber leído lo que he escrito?* Si usted puede expresar su visión con palabras podrá comunicar con más efectividad, y más fácilmente, esa visión a otras personas.

Durante la vida del apóstol Pablo solo cerca del tres por ciento de la población mundial podía leer y escribir. ¿Cómo podía alcanzar a la mayoría de las personas? No podía visitarlas a todos, y por eso escribió. Pero, ¿quiénes podrían leer sus cartas? Obviamente se concentró en los líderes, en la clase culta, en quienes podían leer. Su visión no permitía demoras ni concesiones con nada que no fuera predicar el evangelio al mundo entero.

La escritura ha sido el ingrediente esencial, el elemento básico para llevar a cabo la visión. Según el filósofo Francis Bacon "la lectura hace que un hombre sea completo; la conferencia, que esté preparado; y la escritura, que sea preciso". Con mucha frecuencia escucho a la gente decir *"sé lo que quiero decir, pero no puedo expresarlo"*. Si usted no puede expresarlo, es porque no sabe lo que quiere decir. El Dr. Robert Walker, uno de los más grandes instructores de escritura de todos los tiempos, dijo lo siguiente: "Si puedes pensarlo puedes escribirlo. Si no puedes escribirlo, es porque no lo has pensado."

En su libro, *Greatness,* Steven Hayward compara las vidas de dos de los más connotados líderes políticos del siglo XX: Ronald Reagan y Winston Churchill. A primera vista, eran hombres muy diferentes. Churchill era un intelectual cuya vida, a muy temprana edad, fue moldeada por su experiencia como corresponsal de guerra en Sudáfrica. Reagan incursionó en la política desde Hollywood y, como resultado, con frecuencia fue subestimado. De hecho, le gustó que fuera así.

Sin embargo, tanto Churchill como Reagan escribieron. Los numerosos libros de Churchill, tanto históricos como autobiográficos, probablemente totalizaron diez millones de palabras. Reagan, por su parte, escribió totalmente los 320 discursos que pronunció durante su carrera política. Eso se puede comparar con los 18 escritos por el presidente Obama (al momento de escribir este libro), a quien muchos han considerado uno de los más grandes comunicadores.

Churchill y Reagan causaron impacto con sus palabras que fueron, tanto memorables como controversiales. Los discursos radiales de Churchill son reconocidos por haber mantenido unida a la nación británica en los oscuros días de la Segunda Guerra Mundial.

Además, como secuela de la guerra, cuando pronunció su discurso "La cortina de hierro", en Missouri en 1946, hasta sus colegas conservadores lo echaron a la basura. De igual manera, cuando Ronald Reagan se refirió por primera vez a la Unión Soviética como "el imperio del mal", algunos de sus amigos más cercanos, incluyendo al especialista en política George Will, estuvieron en desacuerdo con él. Incluso, a la esposa de Reagan, Nancy, no le gustó. Sin embargo, cuando Reagan estaba convencido de que algo era correcto, lo hacía, y punto final.

Hoy, el mundo alaba a ambos hombres por los mismos discursos que sus amigos y colegas censuraron severamente. Ellos pudieron captar lo que estaba ocurriendo en una época en la cual la mayoría de sus contemporáneos tenía todavía su mirada puesta en el pasado. Estos hombres moldearon la geopolítica de su tiempo. Sabían lo que querían lograr.

La mecedora y el sofá otomano

Si otros le critican no es fácil que se mantenga fiel a sus objetivos. Con mucha facilidad puede empezar a dudar acerca de si tiene las cualidades requeridas para salir adelante. Fui pastor, y durante los primeros años de mi ministerio sufría de un malestar estomacal indescriptible antes de predicar. El malestar era tan severo que el doctor me recetó unas medicinas para calmarme lo suficiente, y poder así terminar la predicación del mensaje. Como muchas personas que se niegan a enfrentar los hechos, lo justificaba. Después de todo, había sufrido severos impedimentos de lenguaje. Mi voz era tan alta y estridente como la de un niño, y mi padre me pedía que me quedara quieto mientras él estudiaba, porque mi voz se escuchaba por toda la casa como la hoja de una sierra. Tuve un impedimento apreciable hasta los últimos años de mi adolescencia.

Ahora tenía 22 años. Había estudiado con dos de los principales instructores de voz de los Estados Unidos. En la universidad había ganado un premio de oratoria. En los debates me había ido bien. Sin embargo, el temor de no tener éxito persistía. Los antiguos temores afloraban cada vez que me dirigía al púlpito. Al final de cada mensaje regresaba a casa desmoralizado, convencido de que mi sermón había sido una bomba. Durante un sinfín de meses, todos los domingos, en las tardes, planeaba renunciar la siguiente semana. Mi padre me visitó un domingo y se dio cuenta de mi angustia. Al día siguiente me compró un sofá otomano y me dijo: "John, quiero que te habitúes a sentarte en tu mecedora de espaldar alto, con tus pies sobre este sofá, después que regreses de tu servicio de la mañana. Si te encuentras deprimido, pregúntate a ti mismo si es por no haber preparado adecuadamente tu mensaje. Si te has preparado, entonces pídele perdón al Señor por tu temor y que te libere del mismo. Como dice la Escritura: 'Esfuérzate'."

Fue un consejo excelente, y funcionó. Diez años después, cuando tenía 32 años, tuve el honor de dirigirme a 10,000 líderes cristianos en el auditorio de Kiel, en St. Louis, Missouri. Mi mensaje fue reseñado en varios periódicos de un extremo a otro de los Estados Unidos, incluyendo al *New York Times* y *Los Angeles Examiner.* Desde entonces, Dios me ha concedido la oportunidad de ser orador en catedrales asiáticas; en la convención internacional de los Kiwanis; entre parlamentarios en la iglesia del palacio de Westminster, de Londres; ante editores de periódicos religiosos de Estados Unidos; en la Sociedad de Corredores de Bienes Raíces industriales; ante 125 directores ejecutivos de las corporaciones más grandes de Corea; en un simposio de líderes representantes de las diez religiones más grandes de la India; y en un auditorio de 165,000 personas en la Convención de Maramon, en Kerala, India.

En los 66 años posteriores al sabio consejo de mi padre, me he ocupado conscientemente de mis habilidades en cuanto a comunicación. Hasta el día de hoy, sigo manteniendo una voz vigorosa.

La diferencia entre poder y no poder

De todos los hombres y mujeres que han obtenido grandes logros, y a quienes he tenido el privilegio de conocer, el difunto Robert G. LeTourneau está ubicado cerca del primer lugar. Aunque no contaba con una preparación académica de primera, LeTourneau lideró como pionero el desarrollo de maquinaria pesada para movimientos de tierra. Sus máquinas representaban cerca del 70 por ciento de los equipos para mover tierra y vehículos de ingeniería usados durante la Segunda Guerra Mundial. Creó casi 300 patentes. Con la ayuda de su esposa, Evelyn, fundó la Universidad LeTourneau, una universidad privada en Longview, Texas. Fue un cristiano piadoso y un generoso filántropo. Vivía con el 10% de sus ingresos, y dedicaba el 90% a causas cristianas. En todo el mundo, tanto cristianos como no cristianos lo identificaban como "El empresario de Dios".

LeTourneau tenía poco interés en la educación tradicional. De hecho, abandonó los estudios con la bendición, y temor, de sus padres. Obtuvo un empleo como aprendiz de ferretero en Portland, Oregon. Mientras trabajaba en la fundición tomó un curso en una escuela internacional por correspondencia. Estudió mecánica usando estos materiales, pero nunca terminó las asignaciones de ningún curso. Luego se mudó a San Francisco y trabajo en una central enérgica donde aprendió soldadura y se familiarizó con la aplicación de electricidad. Posteriormente, se mudó a Stockton, California, y tuvo varios empleos incluyendo labores de leñador, agricultor, minero y carpintero. Este conocimiento de los oficios manuales fueron, posteriormente, muy valiosos en su vida. En 1911 el *Superior Garage* de Stockton contrató al joven LeTourneau, quien tenía 23 años. Allí aprendió mecánica automotriz. Poco después, llegó a ser dueño de la mitad del negocio. En las fuerzas armadas lo descalificaron debido a una lesión permanente en el cuello sufrida en un accidente durante una carrera de autos. Trabajó como ayudante de mantenimiento en el Astillero Naval de Mare Island donde mejoró sus habilidades como soldador y recibió entrenamiento como maquinista eléctrico.

Después de la guerra regresó a Stockton y se encontró con que el *Superior Garage* había quebrado. Consiguió empleo reparando un tractor de oruga de una fábrica de tractores tipo Holt. El dueño del tractor lo contrató después para nivelar dieciséis hectáreas de terreno usando el tractor y un remolque de pala. Este tipo de trabajo cautivó su interés y en 1920, a la edad de 32 años, compró un tractor Holt usado, alquiló una pala y se convirtió en un contratista de nivelación de terrenos. Al año siguiente compró un lote de terreno e instaló un taller de ingeniería, en el que diseñó y fabricó diferentes tipos de palas. Al combinar los contratos con la fabricación de equipos de movimiento de tierra, su negocio creció. En 1929 constituyó su empresa en California como "R.G. LeTourneau, Inc."

En la década de 1920, y a inicios de los años treinta, realizó varios proyectos de movimiento de tierra, incluyendo la autopista Boulder hacia la presa Hoover en Nevada, los diques de Marysville, la presa del Condado Orange, y el atajo de Newhall en California. En 1933, a los 45 años de edad, se jubiló como contratista para dedicar su tiempo y sus energías a la fabricación de equipos de movimiento de tierra.[1]

Hay mucho más en esta sobresaliente historia, pero quiero que se detenga un momento y reflexione en lo que ha leído. ¿Qué hizo que LeTourneau fuera diferente? Como puede ver, solo después de varios cambios de posición identificó lo que realmente quería hacer. Pero después que había captado la visión, no podía separarse de ella. LeTourneau decía: "La única diferencia entre "posibilidad" e "imposibilidad" es la "im"." Desde 1957 hasta 1968, cuando yo era un evangelista de campañas, LeTourneau contaba con frecuencia su testimonio los sábados por la noche. Dejaba a las multitudes embelesadas. Solo en el cielo se sabrá cuántas personas fueron motivadas por su testimonio para elevarse sobre sus temores e intentar cosas que anteriormente consideraban imposibles. A pesar de haber dejado los estudios, LeTourneau acumuló una lista de destacados logros:

- Lideró en el campo de equipos pesados de movimiento de tierra.
- Diseñó y construyó máquinas usando tecnología que se adelantó en años, y hasta décadas, a su época, incluyendo el uso de baja presión, neumáticos de caucho para trabajos pesados, tractores de dos ruedas (los *Tournapull*), la tracción eléctrica, y las plataformas móviles para perforación costa afuera.

- Construyó fábricas que proveían el 70% de todos los equipos pesados de movimiento de tierra usados por las fuerzas aliadas durante la Segunda Guerra Mundial.
- Fundó una universidad.
- Recibió más de treinta premios relacionados con artefactos de ingeniería y desarrollo de maquinaria pesada.
- Se le otorgó el Reconocimiento por Servicios Prestados entre 1931-1935, dado por seis sociedades anónimas, en virtud de haber provisto equipos para el movimiento de tierra en el Proyecto de la Represa Boulder.
- Se le otorgó el Premio Beavers en la tercera cena anual de premios de los Beavers, una asociación de líderes de la industria de la construcción pesada.
- Impulsó un proyecto de desarrollo en Liberia con los objetivos de colonización, desarrollo de tierras, introducción de ganado, evangelización y actividades filantrópicas.
- Llevó a cabo un proyecto similar en Perú.
- En 1956 recibió la medalla Frank P. Brown de parte del Instituto Franklin, uno de los más antiguos centros de educación científica y desarrollo de los Estados Unidos.
- Tuvo a lo largo de su vida, siendo un laico cristiano, muchos puestos respetables, entre ellos de líder laico de la iglesia Alianza Cristiana y Misionera, presidente del Comité de Hombres Cristianos de Negocios y Presidente de los Gedeones Internacionales.
- A pesar de su intenso programa de actividades, viajaba miles de kilómetros para asistir a compromisos semanales de conferencias cristianas.

Estoy seguro que se habrá dado cuenta de que sus logros fueron, con frecuencia, sin precedentes. Eso sí que es pensar *fuera* del marco tradicional —LeTourneau raramente pensaba *dentro* del marco tradicional.

En 1953, a los 65 años, LeTourneau le vendió toda su línea de equipos de movimiento de tierra a la compañía Westinghouse Air Break. Tuvo que firmar un acuerdo de compromiso de no competir, el cual iba a estar vigente durante cinco años. Evidentemente, los líderes de Westinghouse creyeron que no sería una amenaza estando en la edad de su jubilación. Pero no conocían a Robert G. LeTourneau. Tan pronto como vendió la compañía, aplicó su creatividad al desarrollo de una rueda de transmisión eléctrica.

En 1958, a la edad de 70 años, reingresó al negocio de fabricación de equipos de movimiento de tierra. Ahora ofrecía a los contratistas una gama de transportes de movimiento de tierra, de alta capacidad, y máquinas para el manejo de materiales, basados en el revolucionario sistema de rueda de transmisión eléctrica que él había desarrollado.

En 1963 su esposa, Evelyn, me invitó a su casa para una tranquila celebración de los 75 años de vida del señor LeTourneau. En medio de la comida recibió una llamada telefónica de un viejo amigo y muy conocido industrial, Henry J. Kaiser, quien para entonces contaba con 85 años. Solo pude oír una parte de la conversación, pero pronto empecé a desternillarme de la risa. Después que LeTourneau colgó me saturó con los detalles que no pude escuchar. Kaiser le pidió a LeTourneau que lo ayudara a construir la Hawaiian Hilton Village. LeTourneau le respondió que no podía ¡porque se encontraba ayudando al Dr. Albert Schweitzer a despejar las selvas de Liberia!

Determinación en vez de doble ánimo

Hace dos mil años, Santiago, el medio hermano de Jesús, escribió lo siguiente:

> Y si alguno de vosotros tiene falta de sabiduría, pídala a Dios, el cual da a todos abundantemente y sin reproche, y le será dada. Pero pida con fe, no dudando nada; porque el que duda es semejante a la onda del mar, que es arrastrada por el viento y echada de una parte a otra. No piense, pues, quien tal haga, que recibirá cosa alguna del Señor. El hombre de doble ánimo es inconstante en todos sus caminos. (Santiago 1:5-8)

Esto es tan relevante hoy día como lo fue en ese entonces.

El multimillonario Richard M. (Rich) DeVos inició una empresa con un amigo de su época universitaria, Jay Van Andel. Comenzaron el negocio en el sótano de la casa de Jay. Encontraron obstáculos, posibles demandas legales, y la oposición de los gobiernos, pero nunca se apartaron de la visión, ni tampoco se desviaron en sus acciones. En la actualidad, su compañía, Amway, la cual Forbes colocó en el 2010 en su lista como la 32ª compañía privada estadounidense más grande, totaliza 10 mil millones anuales en ventas. Además, sigue creciendo a pesar de la depresión económica mundial.

De manera parecida, Cecil Day tuvo la visión de una cadena de moteles económicos de lujo. En medio de su recorrido hacia su destino determinado, el embargo petrolero de 1974-1975 golpeó la economía de los Estados Unidos. El tráfico casi se paralizó en las autopistas interestatales donde Day estaba construyendo su cadena de moteles. La liquidez se agotó. Estaba atascado con un 15% de préstamos de construcción, aun cuando muchos de sus moteles habían avanzado hasta un punto en el cual un 9% de un préstamo convencional estaba justificado. Pero Cecil Day no se desvió de su plan. En vez de ello, estuvo visitando diariamente a tres banqueros durante veintiún meses, hasta que tuvo la cuerda de rescate que necesitaba. Al momento de morir en 1978, los

Hoteles Day Inn era una de las cadenas de hoteles más grandes del mundo.[2]

Inicie cualquier esfuerzo novedoso y no faltarán las críticas que le digan que lo más probable es que fracasará. Cualquier empresa requiere esfuerzos concentrados y una clase de determinación que los de afuera no entienden.

Momento para decidir

El éxito comienza con usted mismo. Miles o probablemente millones de personas tienen grandes ideas y elevadas ambiciones. Pero aun así nunca llegan a nada porque no cuentan con la determinación de alcanzar sus metas. En muchos casos se encuentran menos motivadas por su propia visión que por las cambiantes opiniones de aquellos que les rodean. La presión exterior, generada a menudo por aquellos a quienes usted ama y en quienes confía, puede aniquilar sus logros desde que inicia algo. A través de su multiplicidad de voces el mundo le dirá *No corras el riesgo de hacer algo impopular o de fracasar y quedar como un tonto*. La Biblia enseña: "Conoce hacia dónde te diriges".

Al mundo o a la Biblia. ¿A cuál vas a escuchar?

Capítulo 2

El mundo dice: "Confía en ti mismo"

La Biblia enseña: "Atrae a un equipo ganador"

Imagine la construcción de un barco, en medio de un desierto, durante 120 años. Para eso se necesita creer en uno mismo. Hace falta tener una de piel de elefante para enfrentar la crítica y el ridículo. Se necesita determinación para poner, firmemente, la reputación en peligro. Las personas que saben lo que quieren lograr están orientadas, casi inevitablemente, a lograr sus metas. La intensidad de su percepción sobre una realidad futura no tolerará ninguna concesión. A menudo se verán a sí mismos en el frente como solitarios. Y con demasiada frecuencia lo están. Sin embargo, nunca tendrán éxito si permanecen de esa manera. Cualquiera que vaya a convertir lo que ambiciona en un éxito verdadero debe ser capaz de comunicar esa ambición a otros —para convertirla en un objetivo compartido. En pocas palabras, el líder debe ser también un visionario.

Hombres de visión en la Biblia

Usted necesita entender de inmediato que no todos los grandes personajes de la Biblia poseían este atributo. Por ejemplo, los profetas del Antiguo Testamento se sintieron muchas veces como Isaías, "una voz que clama en el desierto". Proclamaron la dura verdad a una generación que se negaba a escuchar. En consecuencia, fueron marginados y, a menudo, ignorados.

Consideremos a Elías. Usted podrá haber notado más que un poco de espectacularidad en su enfrentamiento con los profetas de Baal. Toda esa agua derramada sobre la leña del sacrificio nos recuerda al escapista que llama la atención de su público haciendo alarde de las poderosas cadenas y candados que lo sujetan. Pero, a pesar de esta espectacularidad, y no obstante la dramática victoria que la siguió, Elías no pareció capaz de ganar la atención de quienes estaban a su alrededor. Poco después del enfrentamiento en el Monte Carmelo, lo encontramos escondiéndose en un abismo de depresión, pidiéndole a Dios que le quite la vida.

Elías era un profeta, pero no un visionario.

Por el contrario, la monumental proeza de Noé de construir un barco no podía ser lograda de manera individual. Necesitaba hombres con habilidades técnicas que él no poseía. Necesitaba materiales. Génesis 6:9 describe a Noé como un hombre justo que caminó con Dios y que fue intachable en su época; no es descrito como un experto en construcción de buques. A diferencia de Elías, Noé estaba rodeado por una familia numerosa. La gente vivía muchos años antes del diluvio. La genealogía en Génesis 5 indica la edad de cada uno de los antepasados de Noé (cuando habían nacido los primeros hijos de esas personas, como cuando murieron). Matusalén (abuelo de Noé) murió en el año que comenzó el diluvio; Lamec (padre de Noé) murió cinco años antes de eso. De manera que la familia extensa de Noé habría sido enorme.

Tal vez los trabajadores que Noé contrató estaban allí por el dinero y nada más. Pero los miembros de su familia no lo habrían apoyado a menos que él hubiera sido capaz de venderles su visión. De alguna manera Noé debió haberles persuadido, por lo menos a algunos de ellos, a convertir su meta personal, dada por Dios, en un proyecto familiar. Noé necesitaba el apoyo de ellos y, probablemente, también su dinero.

Reclutar ayuda no siempre es fácil. Quienes trabajan con usted deben estar firmemente convencidos no solo de que usted necesita su ayuda, sino también de que usted cooperará con ellos tanto como usted quiere que ellos cooperen. En Génesis 14 encontramos la historia del secuestro de Lot. En respuesta, Abraham venció a los reyes que habían tomado como rehén a Lot, pero no podría haberlo hecho solo. Su misión de rescate requirió la cooperación de sus 318 criados entrenados.

Moisés nunca podría haber llevado a cabo la emancipación del pueblo judío, de Egipto, sin la ayuda de su hermano Aarón. Salomón, el hombre más sabio de todos los tiempos dijo: "Mejor son dos que uno". (Eclesiastés 4:9) Del mismo modo, Levítico 26:8 nos dice: "Cinco de vosotros perseguirán a ciento, y ciento de vosotros perseguirán a diez mil."

"Si yo tuviera un millón de dólares"

En 1870 el Dr. Frank W. Gunsaulus, quien era docente antes de convertirse en pastor de la iglesia Plymouth de Chicago, predicó un sermón titulado "Si yo tuviera un millón de dólares". El señor Philip D. Armour, fundador de la compañía empacadora de carne Armour & Company, escuchó atentamente a su pastor hablando sobre la necesidad de una universidad tecnológica. Su pastor dijo que si tuviera un millón de dólares eso sería lo que él crearía. Después del servicio, Armour le dijo a su pastor: "Creo en lo que usted dijo. Venga a mi oficina mañana en la mañana y le entregaré un cheque por un millón de dólares". Esa cantidad representaba 24 300 000 de dólares en la actualidad. Siempre hay abundante capital para quienes son capaces de crear planes prácticos para usarlo. Pero el Dr. Gunsaulus nunca habría podido fundar una universidad sin Philip Danforth Armour.

De la misma manera, el apóstol Pablo siempre llevaba a alguien con él en sus viajes (Bernabé, Silas o Timoteo). Pablo, quien ejerció la mayor influencia espiritual de todos los tiempos, solo con la excepción de Jesús, nunca podría haber llevado a cabo solo lo que logró mediante la cooperación de otras personas. Asimismo, leemos en Lucas 10:1 que el mismo Jesús envió a sus seguidores de dos en dos. Nunca los enviaba solos.

Dejemos atrás el punto evidente de que un grupo de personas trabajando juntas pueden lograr más que un individuo solo. El asunto real es qué pasa dentro de un grupo que hace que se dé la cooperación. ¿Cómo interacciona el visionario con aquellos que comparten la visión? Otras personas no dan gratis sus servicios, su dinero o su apoyo entusiasta. Si usted quiere liderar a otros para seguir adelante con una visión, debe mantener la armonía con las personas que necesita para llevar a cabo su meta. Y esa armonía debe incluir algo que sea de valor para ellos.

Yo y nosotros

Tan pronto cuando usted empieza a utilizar la palabra "nosotros", libera una fuerza de poder indetenible. En pocas palabras, el todo es mayor que la suma de sus partes. Filósofos, empresarios y políticos han confirmado esta verdad desde los albores de la historia. Los ejércitos de César la escribieron en toda la Europa antigua. El apóstol Pablo la especificó en sus cartas dirigidas a las iglesias.

Hoy día, expertos en temas gerenciales enfatizan, vez tras vez, que lo que dos personas logran por separado puede lograrse más rápido, mejor y con mayor satisfacción si esas dos personas trabajan juntas. Usted invierte su influencia en las vidas de otros para alcanzar de manera rápida y eficiente objetivos comunes que todos desean y que les son de beneficio mutuo. Por eso es que la Biblia describe a los cristianos como "colaboradores de Dios" (1 Corintios 3:9).

El cuerpo, como un todo, puede lograr beneficios que sus miembros individualmente nunca podrían llevar a cabo solos. Sin embargo, la clave es la armonía, o la unidad de propósito. La cooperación de otros, con la misma mentalidad y la misma meta deseada, aumenta exponencialmente el impacto.

Moisés tenía la capacidad intelectual, la visión y la misión, pero no sabía hablar bien. Aarón, su hermano, contaba evidentemente con fluidez de expresión.

Después de la conversión de Pablo, los cristianos desconfiaban de él. Veían su cambio súbito de corazón como una artimaña. Después de todo, había perseguido anteriormente a los cristianos. Pero Bernabé, uno de los cristianos más acaudalados de los tiempos del Nuevo Testamento, respondió por Pablo. Si no hubiera sido por esa sinergia, al menos trece libros del Nuevo Testamento nunca se habrían escrito. La influencia más grande en el primer siglo a favor de Cristo nunca se habría llevado a cabo.

Es posible que Bernabé no haya tenido la misma agudeza mental de Pablo, pero poseía grandeza de espíritu. Ambos se combinaron para formar un equipo de súper inteligencia y súper compasión. Lo que Pablo llevó a cabo deja atónita nuestra imaginación.

Viajó mayormente a pie o en barco a sitios tan lejanos como Europa occidental, llevando el evangelio a personas que no estaban conscientes de la posibilidad de salvación. Yo calculo que algunos de estos viajes, aun por barco, tomaban hasta sesenta días. Pero en cada lugar en que se detenía, Pablo reclutaba a otros para que lo ayudaran en su misión.

Busque personas que pueden hacer las cosas

Cuando Pablo advirtió a los corintios que tuvieran cuidado con la influencia de su entorno, citó a un antiguo poeta griego, Menandro, quien escribió: "Las malas compañías corrompen las buenas costumbres." Usted debe desarrollar la práctica de enfocarse en un hábito —en un hábito *inflexible*— con el que sueñe toda la noche y en el que piense todo el día. No puedo darle un capítulo y un versículo de la Biblia para la siguiente declaración, pero sé que es verdad —y usted también lo sabe—: que tendemos a atraer a nosotros a las personas, las condiciones y las situaciones que son compatibles con nuestra disposición de ánimo.

¿Ha notado que las personas quejumbrosas tienden a atraerse entre sí? ¡Lo mismo sucede con las personas exitosas! ¿No es así? Tengo la convicción de que Dios ha puesto algo en el universo, tal vez en la misma bóveda celeste, por medio de lo cual atraemos hacia nosotros a personas, situaciones y respuestas que reflejan nuestro estado de ánimo. Aproveche, entonces, cada oportunidad para crear el tipo de entorno compatible con su deseo. Asegúrese de asociarse con personas que puedan hacer las cosas, en vez de hacerlo con quienes no sean capaces. Sea amable con todas, pero no se asocie estrechamente con aquellos cuyos pensamientos y vidas arruinarían la suya si usted adoptara su estilo de vida y sus hábitos.

La Mente Maestra

El Dr. Napoleón Hill se hizo famoso en el siglo XX por su libro *Piense y hágase rico*. Luego escribió otra serie de libros. Más tarde, desarrolló la ciencia del éxito personal. Lo conocí bien y hablé con él, a menudo acerca de lo que él llamaba la "Mente Maestra". La definía como la mente "desarrollada por la cooperación armoniosa de dos o más personas que se asocian con el propósito de llevar a cabo una tarea determinada." Los grupos de Mente Maestra existen dondequiera que las personas interactúan para combinar sus recursos intelectuales.

Los Padres Fundadores de los Estados Unidos de Norteamérica constituían una Mente Maestra. También lo fueron los integrantes del Proyecto Manhattan, quienes trabajaron bajo un manto de confidencialidad para desarrollar la bomba atómica durante la Segunda Guerra Mundial. Alejandro el Grande tuvo un grupo de asesores de Mente Maestra más de 300 años antes de Cristo.

Probablemente, el grupo más grande de Mente Maestra que haya existido fue creado por Bill Wilson y el Dr. Bob Watson. Estos dos hombres fundaron una organización en la ciudad de Akron, Ohio, en 1935, la cual hoy en día cuenta con más de 105 mil grupos, incluyendo 2562 grupos en instalaciones penitenciarias en los Estados Unidos y Canadá. Este grupo se llama Alcohólicos Anónimos. AA (por su abreviatura) satisface los criterios del magistral grupo de Mente Maestra. Ellos observan un conjunto de 12 normas y comienzan cada reunión con una breve declaración:

> Alcohólicos Anónimos es una hermandad de hombres y mujeres que comparten unos con otros sus experiencias, puntos fuertes y sus esperanzas, para que así puedan solucionar su problema común y ayudar a otros a recuperarse del alcoholismo... Nuestro objetivo principal es mantenernos sobrios y ayudar a otros alcohólicos a alcanzar la sobriedad.

¿Estaría usted de acuerdo en que este grupo se concentra y trabaja hacia una meta común? Ellos se reúnen en grupos locales que van desde solamente cuatro o cinco en ciertos lugares, hasta varios centenares en algunas ciudades grandes. Se reúnen por lo menos una vez a la semana en iglesias, salas de reuniones o casas de miembros, donde cuentan sus experiencias de cómo se volvieron alcohólicos, cómo llegaron a descubrir AA y cómo les ha ayudado el programa. El solo hecho de contar sus historias genera fortaleza. Bill Wilson y el Dr. Watson adaptaron muchas de sus ideas y sus 12 pasos de otro grupo de Mente Maestra llamado el Grupo de Oxford, formado en 1919.

El Club del Delantal de Cuero

Benjamín Franklin organizó un club de jóvenes trabajadores en el otoño de 1727, con frecuencia llamado el "Club del Delantal de Cuero". También era conocido por el nombre de *Junto*. Este club no estaba formado por la élite social. Sus miembros eran un pequeño grupo de comerciantes y artesanos emprendedores. No obstante, se respetaban a sí mismos, tenían sus ambiciones y se consideraban todos unos señores. Todos los miembros del *Junto* se ayudaban unos a otros para tener éxito. Se recomendaban libros entre sí, vendedores y amigos. Fomentaban el desarrollo personal mediante la discusión de temas relacionados con la filosofía, la moral, la economía y la política. Mantuvieron reuniones durante cuatro décadas y, al final, se convirtieron en la Sociedad Filosófica Estadounidense. Así es como Franklin describió al grupo *Junto* en su *Autobiografía*:

> Debí haber mencionado antes, que en el otoño del año anterior (1727), yo había constituido, con la mayoría de mis ingeniosos conocidos, un club de mejoramiento mutuo al cual llamamos "*Junto*". Nos reuníamos los viernes por las noches. Las reglas que yo redacté requerían que cada miembro, en su oportunidad, debía hacer una o más preguntas sobre cualquier punto relacionado con moralidad, política o filosofía natural (física), para ser discutido por el grupo y, una vez, cada tres meses, producir y leer un ensayo de su propia

> autoría sobre cualquier tema que fuera de su agrado. Nuestros debates tenían que estar bajo la dirección de un presidente y ser conducidos en un sincero espíritu de búsqueda de la verdad, sin predisposición a la disputa o al deseo de ganar. Además, para evitar la efervescencia, todas las expresiones de seguridad en las opiniones, o de ataque directo, fueron, después de algún tiempo, consideradas prohibidas bajo pequeñas multas de dinero.

Las repercusiones del *Junto* original siguen siendo evidentes hoy. El *Junto* nos dio nuestra primera biblioteca, cuerpos de bomberos voluntarios, el primer hospital público, departamentos de policía, calles pavimentadas, y también la Universidad de Pensylvania. Reflexione en la última frase de la cita de Franklin. La irritabilidad, la animosidad y la negatividad no tienen cabida en un grupo dedicado a la productividad y la excelencia.

Un espíritu de cooperación parecido tipificó al grupo denominado "Chicago Big Six" ("Los Seis Grandes de Chicago"). Este grupo de seis chicagüenses combinó la amistad con la experiencia a comienzos de la década de 1920. He aquí la lista:

- Andrew Carnegie (probablemente el motivador principal).
- William Wrigley Jr. (de la famosa compañía de goma de mascar Wrigley).
- John R. Thompson (propietario de una cadena de comedores).
- Albert Lasker (dueño de la agencia de publicidad Lord y Thomas, en ese entonces la más grande del mundo).
- Charles A. McCullough (propietario de la Compañía Parmalee Express).

- John D. Hertz y William C. Ritchie (dueños de la Compañía Yellow Cab).

En ese tiempo, el ingreso anual combinado de los Seis Grandes se calculaba en 25 millones de dólares, que en la actualidad estaría cerca de los 4 mil millones. Ninguno de los miembros de este grupo tenía una educación avanzada, ni comenzaron con ventajas económicas. Todos eran hombres que habían llegado donde estaban sus propios esfuerzos. Hicieron sus fortunas sin un capital personal de arranque, ni tampoco un crédito abundante. Formaron un grupo solamente para tener la interacción de otros en cuanto a sus ideas.

El secreto de la armonía

El apóstol Pablo nos legó una excelente verdad: "si es posible, en cuanto dependa de vosotros, estad en paz con todos los hombres" (Romanos 12:18). Y en el Antiguo Testamento leemos: "¿Andarán dos juntos, si no estuvieren de acuerdo?" (Amós 3:3). La respuesta salta a la vista, ¿no es así? Por supuesto, la respuesta es no.

Napoleón Hill escribió: "Usted no puede disfrutar de un éxito extraordinario en la vida sin el poder, y nunca podrá disfrutar de poder sin la personalidad suficiente para ejercer influencia en otras personas de modo que cooperen con usted en un espíritu de armonía,"[1] A lo anterior yo le añadiría solamente un requisito "... que cooperen con usted en un espíritu de armonía *hacia una meta positiva que beneficie a quienes ustedes influencie.*" Él también nos recuerda que una "personalidad agradable es "el punto de apoyo" sobre la cual debe usted colocar la "palanca" de sus esfuerzos; y cuando lo hace así, con inteligencia, eso hará posible que elimine montañas de obstáculos. Esta lección... le enseñará cómo transformar su personalidad de modo tal que pueda adaptarse a cualquier ambiente, o a cualquier otra personalidad, de tal manera que pueda imponerse fácilmente."[2]

La tarea "imposible"

En 1964 recibí una visión para impactar al mundo.

Había sido pastor de cuatro iglesias. Había predicado en ceremonias grandes y pequeñas a lo largo de Estados Unidos y en el mundo (en locales pequeños, en magníficas catedrales, y ante 160 000 personas en Kerala, en el sur de la India. Sin embargo, esta visión estaba centrada en un nuevo concepto de llevar el evangelio de Jesucristo al mundo entero. Me preocupaba que el número de personas en el mundo que sabían de la Coca-Cola superaba al de quienes sabían de Jesucristo. Francamente, la Coca-Cola había hecho un trabajo muy superior de mercadotecnia en sus productos que el que los cristianos habían hecho en presentar estratégicamente el evangelio "para salvación hasta lo último de la tierra" (Hechos 13:47). Aun así, ¿cuál era la tarea más grande? Yo no creía, ni por un momento, que la tarea que Jesús me había encomendado, y a aquellos que compartían mi mentalidad, estaba destinada al fracaso. Ni tampoco que se estaba burlando de nosotros al darnos el cometido imposible de crear el Instituto Haggai.

Obedecer esta visión y su misión asociada significaba que debíamos…

- Reunir al liderazgo de más alto nivel de cada una de las naciones no occidentales.
- Orientar nuestros esfuerzos prioritarios hacia aquellas naciones en las cuales el evangelio era escasamente conocido.
- Reclutar un profesor de primera línea.
- Traer a los líderes cristianos de esas naciones a un lugar no occidental, para una capacitación especializada en liderazgo avanzado para un evangelismo efectivo.

Nada menos que eso nos haría llegar a la meta. Para cumplir con esta visión se requería del mejor profesorado disponible (primeramente hombres, y luego mujeres) que hubieran demostrado ser de influencia transformadora en sus propios ambientes locales. También significaba que ellos deberían crear sus propios materiales de enseñanza. En occidente, nuestra tendencia es hacia el pensamiento silogístico: la premisa mayor, la premisa menor y la conclusión. Pero en oriente, y realmente en muchas otras partes del mundo, la gente no se comunica en formas greco-romanas de pensamiento sino más bien con alegorías, parábolas e historias. Además, las personas seleccionadas para el profesorado debían tener una reputación tan excelente que sus solos nombres atrajeran interés y respeto.

De manera que yo insistía que el adiestramiento debía realizarse en un lugar no occidental, porque sería erróneo que al regresar esos líderes a sus países tuvieran sobre sus espaldas la etiqueta "Made in USA". Tuvieron que pasar cinco años, hasta 1969, para tener todo listo.

Durante ese tiempo, pude reclutar al primer hombre en la historia que había edificado una mega iglesia, el Dr. Kyung-Chik Han, de Seúl, Corea del Sur. De un grupo original de solo 27 refugiados de Corea del Norte había llevado a la Iglesia Presbiteriana de Young Nak a tener 60 000 miembros. Y logró todo eso con fondos locales. Corea era en ese tiempo era una de las naciones más pobres del mundo. Es posible que algunas zonas de la India, Indonesia y otros lugares tuvieran menos ingresos, pero las necesidades de supervivencia no eran tan grandes. Corea tenía un clima inclemente y la gente necesitaba más ropa y combustible para calefacción en el invierno. Lo que el Dr. Han logró perdura como algo singular y sin parangón para la gloria de Dios.

Otro hombre, el Dr. Ernest Watson, puso en riesgo su enorme reputación mundial para un experimento que muchos consideraban que era una temeridad. Él también sirvió como decano de nuestra facultad. En el camino se unió el Dr. Won Sul Lee, presidente de la Universidad de Hannam, en Corea, y secretario general de la Asociación Internacional de Rectores de Universidades. Había obtenido su doctorado en historia diplomática de la Universidad Case Western Reserve, en Cleveland, Ohio.

No mucho después, la facultad se vio reforzada al añadirse el P. Dr. Anthony D'Souza, quien había establecido dos grandes instituciones de liderazgo en la India (la última de ellas, el Instituto de Gerencia Xavier). Este hombre, un jesuita, había fungido durante años como representante personal del papa. Él dirige, cada septiembre, la orientación de los nuevos obispos en Roma. Luego llegó el Dr. Benjamín Moraes, de Brasil, quien construyó la Iglesia Presbiteriana Copacabana, en Río de Janeiro. Escribió el código penal de Brasil y podía leer, escribir y hablar en doce idiomas. Él lideró 54 misiones internacionales.

Podría llenar este libro con nombres, créditos y éxitos de las personas que se unieron para fundar el Instituto Haggai. El punto es que yo nunca podría haberlo hecho solo. Es verdad, por otro lado, que yo tenía algunas ventajas. Soy de etnia siria, lo cual me daba una aceptación única en Asia. Sin embargo, sin estas celebridades nunca habríamos logrado levantar vuelo.

Al momento de escribir estas líneas, más de 86 000 hombres y mujeres han tenido su adiestramiento avanzado en liderazgo para el evangelismo en el Instituto Haggai para el Liderazgo Avanzado. Ellos trabajan en 184 países. Los líderes se comprometen, antes de ser aceptados, en transferir el adiestramiento al menos a 100 de sus amigos en el lapso de dos años después de regresar a sus países de origen. Entre los egresados se encuentran presidentes de cortes supremas de justicia, cirujanos, médicos, directores de hospitales, magnates de medios de comunicación, empresarios multinacionales, urbanistas, rectores de universidades, escritores, fabricantes y líderes políticos, incluyendo a jefes de estado, en pocas palabras, la clase de personas que son líderes en sus países.

Lo reitero, esto nunca podría haberse realizado a no ser por la sinergia generada por quienes comparten el mismo tipo de mentalidad. Usted encontrará que es absolutamente esencial juntar a quienes entiendan a fondo la visión suya y estén de acuerdo con ella sin reservas.

El otro Gates

John D. Rockefeller y su consejero, el pastor bautista Frederick Gates, se movían con una sinergia perfecta. Sin embargo, no podían haber sido más diferentes. Rockefeller era enigmático, paciente y taciturno; en cambio, Gates era muy dramático, impetuoso y comunicativo. Gates era una fuerza de la naturaleza. Todos los historiadores de los Rockefeller han quedado fascinados por Gates y comentado extensamente su carácter e influencia en la familia. Aunque en un comienzo Rockefeller contrató a Gates para que le diera consejos sabios en cuanto a su obra filantrópica, pronto pidió la ayuda de Gates en sus empresas.

En 1917, cuando un periodista le pidió a Rockefeller que mencionara al más grande empresario que había conocido, pasó por alto muchos de los dínamos humanos que había conocido a lo largo de su extensa carrera (incluyendo a Carnegie, Flagler y Ford), y nombró a Gates. De él, dijo: "Combina la habilidad empresarial con la aptitud filantrópica en un grado muy elevado que no he visto en ninguna otra persona que yo haya conocido."[3] Gates nunca podría haber logrado lo que hizo, o llegar a las alturas a las cuales ascendió, si no hubiera sido por Rockefeller, y Rockefeller nunca podría haber llevado a cabo lo que hizo sin Gates. De hecho, algunas personas le atribuyen a Gates el hecho de haber sido el instrumento que cambió la salud deteriorada de Rockefeller cuando este tenía cerca de 54 años, sugiriéndole que invirtiera la mayor cantidad de su tiempo en obras filantrópicas.

Rockefeller tomó en serio la sinergia. Él daba mucha importancia a la armonía interna y operaba la reconciliación entre sus contenciosos jefes. Rockefeller era un hombre de pocas palabras y le gustaba sondear las opiniones de todos antes de expresar la suya; después, a menudo, creaba un compromiso para mantener la cohesión. Siempre tuvo cuidado de expresar sus decisiones como sugerencias o preguntas. Aun en los primeros tiempos solía almorzar diariamente con su hermano William, con Edward Hartness, Henry Flagler y Oliver Payne para llegar a un acuerdo sobre problemas. A medida que crecía la organización, Rockefeller continuaba actuando por consenso y no tomaba iniciativas importantes si no tenían la aprobación de los miembros de su junta directiva. Todas las ideas tenían que pasar la prueba suprema de la aprobación unánime entre hombres de carácter, de espíritu independiente. Ni siquiera Rockefeller era un equipo de uno solo.

Momento para decidir

Ser un visionario no es solo asunto de tener una meta clara y una meta que nos guíe. Tiene que ver también con atraer a otros para que formen parte de un programa y de ese modo, tener los medios para lograr esa meta. Para eso se requiere algo de esfuerzo. El temperamento fuerte debe suavizarse. La manipulación y el egocentrismo deben ser frenados. Usted debe demostrar benevolencia de espíritu, disposición a servir y una pasión por ayudar. En pocas palabras, debe tener una personalidad agradable.

Para quienes tienen vidas destacadas o son triunfadores, esa es una tarea ardua. Sin embargo, si usted desea tener éxito, tiene que ser capaz de hacerlo. El mundo le dirá que si quiere realizar un trabajo bien debe hacerlo usted mismo, porque nadie más va a cumplir con sus exigentes estándares. Pero el mensaje de la Biblia enseña: *Atrae un equipo de ganadores*. Encuentra la clase de personas que sean capaces de captar tu visión y puedan ayudarte a cumplirla.

Al mundo o a la Biblia. ¿A cuál vas a escuchar?

Capítulo 3

El mundo dice: "Aprovecha tus oportunidades"

~

La Biblia enseña: "Revisa el GPS"

En 1918, el Dr. Emory S. Bogardus de la Universidad del Sur de California, escribió un libro titulado *Essentials of Social Psychology* (Fundamentos de la Psicología Social) en el que se refiere a "la focalización de la energía psíquica". Debo haber leído ese capítulo unas treinta veces. Eso me recuerda el testimonio del apóstol Pablo: "Una cosa hago" (Filipenses 3:13).

En el siglo XXI sufrimos de una abundancia de oportunidades, tales como comprar productos, involucrarnos en asociaciones y comunidades, dividir nuestro tiempo entre actividades de esparcimiento, leer, escuchar, observar, jugar y navegar por internet, para cambiar de residencia, de trabajo, de apariencia y de creencias. Pero el seguidor serio del Señor Jesucristo no va tras ninguna distracción que impida que la meta que se ha trazado para su vida deje de influenciarle. Su termostato está puesto. Su barómetro permanece estable. No se deja llevar por propósitos cambiantes, como una veleta en una tormenta de viento (lo mental, lo emocional o lo espiritual) aun cuando estas propuestas provengan de los labios o la pluma de cristianos consagrados, pues ellos no conocen la voluntad de Dios para su vida.

El verdadero seguidor de Jesucristo mantiene su mirada puesta en Jesús y solo en Él. "Puestos los ojos en Jesús, el autor y consumador de la fe" (Hebreos 12:2) Cuando Pedro, Juan y Jacobo vieron a Elías y a Jesús en el monte de la transfiguración, una nube los cubrió. Dios habló desde la nube y ellos se postraron sobre sus rostros. El mensaje esencial es este: "Y alzando ellos los ojos, a nadie vieron sino a Jesús solo" (Mateo 17:8). El creyente serio conoce el objetivo final de la vida que el Espíritu Santo le ha trazado. El creyente debe pasar cada momento "en la zona" (en el día presente). Debe aniquilar toda distracción sin misericordia alguna.

Se puede definir a la palabra *distracción* como cualquier cosa que desvíe nuestra atención del objetivo del día. Después de todo, el objetivo del día es un componente del objetivo de la vida que el Espíritu Santo ha establecido. Es el mismo Espíritu Santo que el Señor Jesús prometió, quien nos "guiará a toda la verdad" (Juan 16:13).

Cómo encontrar una nueva dirección

Tener bien los fundamentos le permite a usted tomar todas las otras decisiones subsiguientes. Permítame contarle más sobre el origen del trabajo de mi vida con el ministerio, lo que después llegó a conocerse como el Instituto Haggai. Cuando lo inicié, había estado trabajando como pastor y evangelista. El nuevo proyecto era una drástica desviación de cualquier otra cosa que había hecho antes. Me había sentido bien en el pastorado. Entonces, ¿con base en qué justificaba un cambio tan grande? La respuesta es que comenzar el nuevo ministerio no cambiaba nada de los fundamentos. Se trataba de una decisión sobre métodos, no sobre propósitos. Permítame explicarlo. Me gusta hacer proyectos. Dios me ha rodeado de personas altamente competentes. Estoy convencido de que podíamos haber aumentado sustancialmente el impacto del ministerio de evangelización que yo tenía. Pero había un problema.

Al comienzo de la década de 1960 detecté un desequilibrio del testimonio entre las naciones occidentales y las no occidentales. Los países occidentales estaban enviando misioneros al exterior, con frecuencia a un costo muy elevado, pero no estaban avanzando mucho en el evangelismo. Una visita que hice a Asia occidental en 1964 me convenció de que debían encontrarse y emplearse nuevos métodos si queríamos que el evangelio de Jesucristo llegara a las personas del mundo no occidental (que era la mayor parte del mundo no cristiano). Era evidente para mí que líderes cristianos adiestrados, de sus propios países, eran los llamados a alcanzar a sus lugares con el evangelio. El occidente estaba perdiendo aceptación a causa del nacionalismo en las naciones emergentes, lo cual a menudo estaba asociado con el resentimiento hacia el paternalismo occidental, ya fuera real o imaginario.

En un principio, no tenía la intención de participar personalmente en este ministerio. Sin embargo, tres factores reforzaron mi motivación para la evangelización del mundo no occidental. El primero era que no había encontrado ningún grupo de iglesia u organización que ofreciera el adiestramiento que yo sentía que era necesario para dar respuesta a las necesidades de la iglesia, fuera de occidente. El segundo fue que en 1965 y 1966, personas perceptivas espiritualmente (tanto misioneros de occidente como líderes de oriente) expresaron su preocupación en cuanto al sutil cambio que se estaba produciendo en la atmósfera mundial y a los requerimientos afines para cambiar la estrategia de la misión. El tercer factor fue el Congreso Mundial de Evangelización de 1966, en Berlín, el cual para mí resaltó la duplicación inútil y la superposición en algunas áreas del trabajo misionero, con sus chocantes vacíos en otras áreas.

En 1968, a instancias de líderes indonesios, presidí un esfuerzo de evangelismo en Yakarta, Indonesia. Era la primera vez en la historia de ese país que, tanto pentecostales como presbiterianos, los grupos más numerosos en el país, cooperaban con otros grupos denominacionales. Sin embargo, a pesar de lo efectivo que fue este esfuerzo, el mayor impacto fue la influencia que tuvo sobre mí el pueblo de Indonesia. Me reuní con muchos líderes que me hicieron preguntas sobre mis métodos como evangelista. Como resultado, dirigí un breve seminario para ellos sobre el "cómo" de la evangelización. Ese seminario reforzó la idea que nació en 1964 durante mi visita a Asia occidental.

Debido a que no estaba seguro, al principio abrigué la idea en secreto. Me gusta sopesar cuidadosamente las nuevas posibilidades, filtrándolas e investigándolas. Pero, como han dicho sabiamente algunos, nada puede resistir la fuerza de una idea cuyo tiempo ha llegado. Así pues, en el otoño del siguiente año dimos publicidad durante la realización de un seminario en Suiza, al cual invitamos líderes mundiales calificados de varios países emergentes. Hombres de la talla de Ronald J. Payne, poseedor de dos doctorados académicos y, posteriormente, obispo luterano, dijo en aquel seminario: "Nunca olvidaré el ministerio y el testimonio que descubrimos en Suiza. Lo que usted comenzó aquí, debió haber comenzado hace veinte años." Me sentí muy contento y preocupado al mismo tiempo. El entusiasmo por la tarea misionera ha estado decreciendo por mucho tiempo en América del Norte. Por ejemplo, las editoriales cristianas evitan los libros con escenarios o temas foráneos. A veces, los estadounidenses tienen una visión alarmantemente estrecha del mundo y de la misión de la iglesia. Los misioneros han realizado una gran tarea en cada rincón del planeta; sin embargo, han tenido que aprender de sus errores y también de sus éxitos. Uno de los errores —y un error muy grande— ha sido, por ejemplo, el esfuerzo de los misioneros por llevar a los asiáticos hacia una comprensión occidentalizada del cristianismo, en vez de presentarles el evangelio en un contexto asiático.

Doy gracias a Dios por los misioneros occidentales tradicionales, porque soy producto de segunda generación de ese movimiento. Los misioneros presbiterianos llevaron el evangelio a Damasco, Siria, al final del siglo XIX. El tío de mi padre llegó a conocer a Cristo como su Salvador personal y Señor. Ese tío, a su vez, ganó a mi padre para la fe en Cristo. Por tanto, la decisión de iniciar el ministerio que se convirtió en el Instituto Haggai fue una consecuencia natural —podría decir que inevitable— de las convicciones que yo siempre había tenido como pastor y evangelista. Ganar el mundo para Cristo exigía una nueva metodología, no un nuevo mensaje.

Decir no, incluso al dinero

Si yo hubiera querido cambiar de dirección por completo, podría haberlo hecho en varias ocasiones. En 1959, cuando tenía 35 años de edad, Napoleon Hill vino a Louisville, Kentucky, y me ofreció la propiedad y el control total del Curso de Ciencia de Éxito Personal que él había creado. Solo me pidió un pequeño pago. No acepté. Esto lo dejó perplejo. No podía comprender por qué no aceptaba. Me dijo: "Vas a ganar más dinero en un año, que el que ganarías el resto de tu vida como pastor de una iglesia." Él tenía razón. Sin embargo, como lo dije, yo disfrutaba de algunos privilegios invisibles que él no entendía. Me apenó no aceptar. Era un amigo querido y, honestamente, no solo quería impulsar sus ideas, sino también ayudarme.

A lo largo del camino, usted tendrá que mantenerse firme en sus convicciones. Eso requerirá que se rodee de personas cuyas ideas armonicen con las suyas.

El poder de la influencia

Esta clase de enfoque en la visión fundamental salva a uno de distracciones innecesarias y aumenta las posibilidades de éxito, pues todo el esfuerzo estará dirigido exactamente en la misma dirección. Es como derribar un árbol con un hacha. Mientras más precisión tenga, y menos dispersos sean los hachazos, con más rapidez cortará al árbol. Una persona con capacidad física y mental normal puede lograr, mediante una concentración deliberada de energía, niveles superiores de éxito.

El biógrafo de Oliver Wendell Holmes, uno de los más famosos juristas de Estados Unidos, dijo que "desde que Holmes entró en la escuela de leyes, nunca dividió su pasión."[1] Cada acción que realizaba, fuera escribir, hablar, enseñar, juzgar, era producto de una atención razonada y concentrada.

El famoso editor estadounidense, nacido en Holanda y ganador del premio Pulitzer, Edward Bok, dijo que "la concentración significa éxito."[2] Se desempeño como editor de la revista *Ladies' Home Journal* durante treinta años. Fue quien acuñó la frase "*living room*" (*sala de estar*) como la habitación de la casa que antes era llamada comúnmente sala o salón. En su definición de éxito no hacía hincapié en el genio o el talento sino solo en la concentración y el enfoque. Creía que por este proceso uno puede hacer una cosa ordinaria extraordinariamente bien.

Colón se hizo a la vela con unos barcos ordinarios, pero obtuvo un resultado extraordinario. John Wanamaker vendía ropa ordinaria, pero la vendía extraordinariamente bien. Ignacy Paderewsky tocaba composiciones musicales muy conocidas (como también las compuestas por él), pero cuando las interpretaba producían un resultado extraordinario. Benjamín Franklin remontó un barrilete ordinario, pero hizo una observación extraordinaria. Dicho sea de paso, Franklin se ganó una bien merecida reputación como persona diligente y frugal. Decía que se había inspirado en Proverbios 22:29: "¿Has visto hombre solícito en su trabajo? Delante de los reyes estará; no estará delante de los de baja condición." Dijo que consideraba a la actividad un medio para obtener riqueza y respeto, y se concentró en el trabajo diligente y la frugalidad. No se puede explicar esa clase de atención concentrada al margen de la dedicación a un propósito irresistiblemente fascinante en la vida. Se necesita la tenacidad de un *bulldog*, la capacidad para el trabajo incesante y la dedicación inquebrantable a la meta en la vida. El apóstol Pablo, uno de los más grandes intelectuales de todos los tiempos y quien sufrió persecuciones indescriptibles, aún así, esta era su respuesta:

> Pero de ninguna cosa hago caso, ni estimo preciosa mi vida para mí mismo, con tal que acabe mi carrera con gozo, y el ministerio que recibí del Señor Jesús, para dar testimonio del evangelio de la gracia de Dios (Hechos 20:24).

En el libro *Historia de la decadencia y caída del Imperio Romano*, su autor Edward Gibbon afirmó categóricamente (y muchos historiadores y científicos políticos han estado de acuerdo con él) que la influencia del apóstol Pablo contribuyó a la decadencia y caída del corrupto Imperio Romano. Pablo vivió durante dos años en un alojamiento tomado en alquiler en Roma. Durante ese tiempo predicó el evangelio sin cesar, y muchos de "la casa de César" (un término que hace referencia a lo que hoy día llamaríamos *funcionarios*), hicieron una profesión de fe en Cristo. Ni los ataques de sus enemigos, ni los esfuerzos de sus amigos por moderar sus planes, movieron al intrépido apóstol de su único enfoque.

Controle lo que tenga influencia en usted

Cuando usted concentra su atención, activa la importante ley del monólogo (también conocida como autosugestión). Esto moviliza su subconsciente, que es la fuente de sus convicciones. Solo lo que usted pone en su mente conscientemente (o lo que otros ponen en ella) la condicionarán. Y recuerde que los demás tienen el poder de influenciar su mente sin necesidad de hablarle.

Antes de que usted objete esta última afirmación, piense por un momento. Tal vez llamó por teléfono a una amiga con quien no había hablado durante meses. En el momento que su amiga oye su voz, ella le dice: "Justamente iba a tomar el teléfono para llamarte." O piense en un matrimonio que está viajando en un auto durante un largo tiempo. De repente, cada uno empieza a hablar diciendo lo mismo. ¿Cómo se puede entender eso? Sea que lo entendamos o no, la transferencia de pensamientos sucede. Esta es una de las razones por las que debe repetir de manera firme y constante, con palabras y en su mente, el objeto de su deseo.

Nunca pierda ese enfoque. Por eso es tan importante que dedique tiempo cada día a la lectura de la Biblia y la oración, de preferencia que sea lo primero que usted haga al levantarse, para así condicionar provechosamente al subconsciente. Recuerde que cada palabra que oye, cada cosa que ve, y casi todas las impresiones que recibe por medio de cualquiera de sus sentidos, influyen en su pensamiento. Además de la Biblia, es conveniente que lea materiales que refuercen su concentración (de preferencia libros en vez de revistas o publicaciones pasajeras). Estoy muy convencido de esta verdad, pues ha influido en la ropa que me pongo, la casa en que vivo, el auto que manejo, y el arreglo y disposición de mi oficina en la casa. El enfoque puede mejorar sus ingresos, acrecentar socialmente su influencia y aumentar su eficiencia en cada aspecto de su vida.

La concentración requiere de autocontrol, el cual es una particularidad del fruto del Espíritu Santo (Gálatas 5:23). Dios es la fuente de ese fruto, pero eso no quiere decir que usted no tiene que hacer nada. Dios da el aire, pero usted tiene que respirar. Dios da los movimientos del esófago y los intestinos, pero usted tiene que masticar la comida. Dios da el agua, pero usted tiene que beberla. Dios proporciona "toda buena dadiva y todo don perfecto" (Santiago 1;17), pero usted tiene que actuar. He recomendado, tanto a familiares como a amigos, que limiten la cantidad de tiempo viendo los noticiarios, pues entre otras cosas, no son objetivos ni todo es noticia. Hay mucha manipulación por parte de los editores. Mejor haga todo lo que pueda para involucrar a su cónyuge en sus pensamientos y sus planes. Incluya a su cónyuge en toda estrategia nueva.

Henry Ford y Thomas Edison lograron lo que, de otra manera, nunca hubieran hecho gracias a unas esposas decididas que creyeron en ellos y los animaron. Cuando se le preguntó a la señora Edison cuál era la característica principal de su esposo, ella dijo: "La concentración". Domine la disciplina de concentrarse en un objetivo determinado a voluntad por la cantidad de tiempo que desee. (Esta es, realmente, la calidad de carácter del autocontrol). Cuando haya dominado esto, habrá aprendido el secreto para logros mayores de los que jamás haya soñado que fueran posibles.

Una lección de Qufu

No necesito nada de naturaleza material que no tenga ya, con la excepción del acceso a un jet privado capaz de transportarme en tiempo mínimo a cualquier lugar del mundo. (Al momento de escribir esto, ya he hecho 103 viajes alrededor del mundo, además de muchos viajes intercontinentales).

Recientemente, fui invitado a participar en el aniversario de Confucio, en Qufu, China. Por lo regular, me levanto entre las 4:30 y 5:30 cada mañana. El primer vuelo comercial que salía del aeropuerto hacia el oriente era a las 3:00 pm. Eso significaba que no podría salir sino diez horas después de haber despertado. El primer tramo del viaje, hasta Tokio, tomaría trece horas. Después de una escala de dos horas y media, tomaría un vuelo de tres horas hasta Shanghai, donde tendría que esperar nuevamente antes de proseguir a Qufu. Para cuando pudiera irme a dormir, habrían transcurrido treinta y siete horas. Con un jet privado, me levantaría, tomaría una ducha, me vestiría, desayunaría, y luego conduciría hasta un aeropuerto privado cercano y estaría en el aire a las 8:00 am en punto. En nueve horas aterrizaría en Helsinki, Finlandia. Allí tendría una cena excelente, una buena habitación, y ocho horas de sueño profundo. ¡El vuelo de Helsinki hasta mi destino en China duraría siete horas! Si mi tiempo vale algo, y dado que la obra del Señor requiere lo mejor de nosotros, necesito tener acceso a un jet privado.

Nunca permitiría que el Instituto Haggai comprara o alquilara un jet, aunque tuviera el dinero. Esto daría lugar a una crítica comprensible. Por tanto, mi enfoque es cómo generar personalmente los fondos para poder hacer esta clase de viajes. Tengo que creer que lo que hago es más importante que las actividades políticas de Nancy Pelosi; que las actividades de la famosa Barbara Streisand; inclusive que las actividades corporativas de ejecutivos de empresas quienes, naturalmente, necesitan la comodidad y la eficiencia que brinda viajar en un jet privado. Además, si mis amigos viajan conmigo podemos ocuparnos de ideas productivas, y de planificar y escuchar informes. Los vuelos comerciales no permiten esa enorme ventaja.

He seguido teniendo mi enfoque en esto durante un tiempo, y creo que tendré esta cosa útil muy pronto. Realmente es algo útil. Hablando humanamente, no me importaría si no vuelvo a hacer otro viaje. He estado en todas partes, lo he visto todo, y he hecho muchas cosas. Sin embargo, no se puede liderar un ejército detrás de un escritorio.

Ahora bien, al enfocarme en la idea hago que participen varios sentidos. Por ejemplo, puedo visualizar al jet saliendo del hangar. Visualizo su interior al acercarme al asiento en que me sentaré. Escucho el gran estruendo de los motores del jet. Siento la mesa que retiro para trabajar sobre ella. También siento la piel de la silla donde estaría sentado. Escucho el clic del apoyabrazos izquierdo al levantarlo a su posición debida también el del cinturón de seguridad al ajustarlo. Veo al personal de la cabina y les escucho dar las instrucciones de último minuto. Mentalmente saboreo la comida que comeré dentro de poco y huelo el café que estoy a punto de tomar. Todos mis cinco sentidos participan. Esto agudiza mi enfoque. Visualizo el deseo como una realidad que se ha logrado.

No quiero tener un jet privado. Solo quiero tener los fondos para tomar en alquiler cualquier tipo de jet que sea necesario para un viaje determinado. Además, estoy visualizando el wifi a bordo para usar Skype y otras aplicaciones de la web mientras esté volando.

Gracias a la oración ferviente, creo que este sueño se habrá hecho realidad en algún momento mientras usted está leyendo este capítulo.

La clave está en el enfoque.

Un amigo dijo: "¡Eso es muy caro!" Y estuve de acuerdo. Luego le pregunte: "¿Me consideras un despilfarrador irresponsable por manejar un Audi?" A lo que me respondió: "Por supuesto que no. Además, tus automóviles te duran muchos años". Entonces le dije: "Compara el costo de mi automóvil con el del caballo de John Wesley. ¿Es la proporción entre mi automóvil y el jet privado mucho mayor que la del caballo de Wesley y mi auto?" "Tienes razón. Nunca había pensado de esa manera". Fin de la conversación.

Momento para decidir

La vida le lanza a uno oportunidades en el camino. No siempre resulta obvio por cuáles vale la pena enfocarse. Aprovechar las oportunidades requiere que usted se concentre en su proyecto de vida. El enfoque puesto en las metas clave de su vida le librará de la inconstancia, de la manera de pensar convencional y de las novedades cambiantes. Cuando usted enfrenta las grandes decisiones sobre el futuro, el mundo le dice *Aprovecha tus oportunidades. Después de todo, si no te sientes totalmente decidido por una oferta, puedes decidir tomarla de todas maneras, porque puede pasar un largo tiempo antes de que algo más surja en el horizonte.*

Por el contrario, la Biblia enseña: *"Revisa el GPS"*. En otras palabras, Dios ha diseñado un mapa para su futuro. Encontrar su lugar en el mapa le guiará a la dirección correcta. Es mejor hacer una pausa que dar un giro equivocado.

Al mundo o a la Biblia. ¿A cuál vas a escuchar?

Capítulo 4

El mundo dice: "Conoce tus limitaciones"

~

La Biblia enseña: "Desecha la palabra 'imposible'"

Imagine que está en el quirófano de un hospital en espera de una cirugía. La enfermera acaba de darle un sedante para que se lo tome antes de la anestesia general. De repente, ve al cirujano. Está en una esquina de la sala retorciéndose las manos nerviosamente. Su rostro revela angustia. Su lenguaje corporal deja ver un gran desasosiego. Puede oírle lamentándose en voz baja *Ay, no sé por qué asumí esta responsabilidad. No soy capaz de hacerlo. Espero poder conseguirlo* ¡Con toda seguridad, usted arrojaría el sedante y saldría disparado de la sala!

A nadie le gustaría ser abierto por un cirujano a quien le falta confianza. Ese cirujano tiene la preparación necesaria, ahora solo necesita creer en su habilidad para hacer su trabajo. Necesita confianza en sí mismo.

Lo mismo sucede con usted.

Un amigo me dijo: "¿Cómo puedo tener confianza en medio de todos los problemas que me agobian?" Le contesté que la confianza en Dios es la base para vivir efectivamente para su gloria. La Biblia nos previene contra el poner la confianza en las cosas equivocadas. Hebreos 10:35 dice: "No perdáis, pues, vuestra confianza, que tiene grande galardón". El apóstol Pablo nos da un gran ejemplo de esta clase de confianza cuando escribe en Filipenses 4:13 "Todo lo puedo en Cristo que me fortalece". Una traducción más literal es aún mejor: "Soy todopoderoso en Aquél que continuamente sigue derramando su poder en mí". Aquí, Pablo hace una declaración inequívoca de confianza. Ya la había revelado en Filipenses 3:4-9, donde escribió que si había alguien que tenía razones para confiar en sí mismo, era él. Después de todo, él:

- Fue circuncidado al octavo día
- Era del linaje de Israel
- Era de la tribu de Benjamín
- Era hebreo de hebreos
- En cuanto a la ley, era fariseo
- En cuanto a celo, fue perseguidor de la iglesia
- En cuanto a la justicia que es en la ley, era irreprensible

Después, Pablo sigue con esta sorprendente declaración:

> Pero cuantas cosas eran para mí ganancia, las he estimado como pérdida por amor de Cristo. Y ciertamente, aun estimo todas las cosas como pérdida por la excelencia del conocimiento de Cristo Jesús, mi Señor, por amor del cual lo he perdido todo, y lo tengo por basura, para ganar a Cristo, y ser hallado en él, no teniendo mi propia justicia, que es por la ley, sino la que es por la fe de Cristo, la justicia que es de Dios por la fe.

Cuando usted no puede, sí puede

Pablo no escribió estas palabras a los filipenses mientras disfrutaba de la comodidad de un apartamento con aire acondicionado en la cima de una de las famosas siete colinas de Roma. ¡No, Pablo estaba en la cárcel! Según los estándares actuales, la Cárcel Mamertina en Roma se consideraría inhumana. A diferencia de las modernas instituciones penales, no había sábanas con franjas de color menta, televisión a color, ni gimnasios.

Los romanos habían confinado a Pablo a una tenebrosa y oscura celda. Mantenerse con vida en condiciones como estas era considerado un castigo peor y más humillante que la muerte. Aquí, aquellos que habían sido sentenciados a muerte esperaban su ejecución. Algunas veces, cuando un gobernante deseaba obtener ventaja política, encerraba a los presos durante un tiempo prolongado.

Pablo pudo haberse lamentado *¿Cómo puedo lograr algo desde aquí? Con seguridad, el Señor sabe que estoy inmovilizado por mi encarcelamiento.* Pero, por el contrario, en medio de todo esto, Pablo dijo: "Todo lo puedo."

¿Cuáles eran las limitaciones de Pablo?

Sabemos que el apóstol no podía leer sus amados pergaminos. Sabemos que su hijo en la fe, Timoteo, no lo podía visitar en su prisión. No obstante, Pablo hablaba con gozosa confianza: "Regocijaos en el Señor siempre. Otra vez os digo: ¡Regocijaos!" (Filipenses 4:4). También dijo: "Por nada estéis afanosos, sino sean conocidas vuestras peticiones delante de Dios en toda oración y ruego, con acción de gracias" (Filipenses 4:6). Comparado con esto, el hijo de Dios no tiene ninguna justificación para quejarse, ¡jamás! No importa cuán infernales sean las circunstancias o cuán intolerable sea el ambiente.

Una confianza maravillosa

Pablo dijo: "Todo lo puedo". Si se hubiera detenido después de estas palabras, habría deshonrado al Señor, insultado a las personas a quienes se dirigía y escrito una pura y simple mentira. Pero luego añade la mesurada frase que hace que su primera declaración sea absolutamente correcta: "Soy todopoderoso en Aquél que continuamente sigue derramando su poder en mí."

De niño, yo era pequeño y enfermizo. Era la presa de todo bravucón en el patio de la escuela. Una vez, durante un día feriado en Grand Rapids, Michigan, en el verano de 1934, me encontraba disfrutando de la compañía de mi primo Alex Haddad.

Lo había acompañado hasta la Plaza Seymour a buscar algunos víveres para su madre. Ya casi habíamos regresado a su pequeña casa en la calle Burton cuando tres tipos gigantescos que venían en una camioneta se acercaron a nosotros, gritándonos: "¡Haddad, lárgate de aquí tu con ese maldito primo tuyo judío italiano, antes de que trapeemos el canal de desagüe con ustedes!" Me encogí de miedo al instante, y pensé: "Oh no, aquí viene otra paliza". Luego le eché una mirada a Alex y mis temores se aquietaron, una placida calma los reemplazó. De hecho, comencé a sonreír.

Ese año, Alex había sido el campeón de lucha de la AAU (Unión Atlética Amateur) en la categoría de los 80 kilos. A los 15 años, era todo un hombre. Sus bíceps eran como balas de cañón y sus bronceados pectorales parecían losas de mármol. Sin embargo, curiosamente, Alex no les respondió. Yo le dije: "Alex, no vas a dejar que se salgan con la suya, ¿verdad?" Él me respondió: "Ya sabes lo que dice la Biblia. Si te hieren en una mejilla, vuelve la otra." Nunca antes había visto a Alex tan espiritual. Pero no estaba en posición de discutir, así que seguí caminando con él hacia la casa. Cruzamos la pequeña cerca de estacas y al llegar a la puerta delantera me alcanzó su bolsa de víveres y me dijo: "Lleva esto adentro y se lo das a mamá, ¿de acuerdo? Dile que se me olvidó algo, y que ya regreso." Yo sabía exactamente lo que se le había olvidado. Puse los víveres dentro de la puerta principal y lo seguí sin que me viera a la Plaza Seymour. Él sospechó que aquellos rufianes iban camino a la heladería de Miller. Llegué al sitio justo a tiempo para ver a Alex dejar inconsciente de un golpe a uno de los tres tipos, y dejar perplejo a un segundo con otro fuerte golpe, mientras el tercero se fue corriendo completamente aterrorizado. Eché hacia atrás los hombros de mi complexión de 1 metro y 48 centímetros, me froté las palmas de las manos y me dije a mi mismo, *¿Alguien más?*

¿Qué me había convertido de ser un pequeño niño aterrado, en una persona calmada, serena y optimista? Simplemente esto: que Alex estaba cerca.

El apóstol Pablo conocía la fuente de su poder. Al estar sentado en la prisión sabía que el Señor estaba cerca. Vivir consciente de esto trae consigo un cambio de actuación que no puede explicarse en términos humanos. Con frecuencia, es la única diferencia más grande entre un cristiano derrotado y uno victorioso.

Usted puede, si persevera

La palabra "*perseverar*" aparece repetidas veces en el Nuevo Testamento. *Persevera* en la bondad de Dios. *Persevera* ocupándote en tu salvación. *Persevera* en lo que has aprendido. *Persevera* en la fe. *Persevera* viviendo en Él. *Persevera* en la oración. *Persevera* en amor. *Persevere.* La perseverancia es la esencia del hijo fiel de Dios.

Pablo sentía que Dios estaba derramando de manera perseverante su poder en él. Muchos de nosotros tenemos esa sensación cuando estamos en medio de un seminario sobre el éxito o en un estimulante servicio de adoración. Nos sentimos seguros e invencibles, y ¿quién no lo estaría? Son los tiempos difíciles los que cuentan. Me refiero a la perseverancia que nos sostiene, no solamente cuando el ambiente sea favorable, sino también cuando la situación sea muy dolorosa.

Dios proveyó maná para el pueblo de Israel mientras hacían su largo viaje por el desierto. Este maná debió haber tenido justo los ingredientes perfectos para una nutrición ideal. Ellos debían recoger solo lo suficiente para la provisión de un día. Si recogían más de esa cantidad, el resto se pudriría y hedería. La única excepción era el día antes del *sabbat* de reposo. Ese día, ellos podían recoger la provisión para dos días, de modo que no tuvieran que trabajar el día de descanso y violar el mandamiento que ordenaba santificar dicho día.

Cuando yo era un niño cantábamos: *"Cada momento me guarda en su amor. Cada momento me ayuda el Señor."* Desafortunadamente, en muchas de nuestras iglesias algunos de los miembros de más edad piensan que los muchos años producen superioridad espiritual de forma automática. Pero si usted estudia la Biblia, notará que algunos de los casos más manifiestos de pecado fueron cometidos por personas mayores. Noé tenía más de 500 años de edad cuando se emborrachó y se deshonró delante de sus hijos. David era un abuelo cuando cometió el adulterio con Betsabé. Josefo nos cuenta que Pedro, el mismo que negó a Cristo tres veces, era el discípulo de más edad.

Para perseverar, usted necesita cada día una nueva provisión de confianza bíblica. Hiperventilar (aumentar en exceso la frecuencia y la intensidad respiratorias) durante treinta minutos no quiere decir que usted puede estar sin respirar durante la siguiente media hora. Atiborrarse de comida durante un mes no quiere decir que puede pasar el mes siguiente sin comer. Perseverar significa continuar día tras día y hora tras hora. "Soy todopoderoso en Aquél que continuamente sigue derramando su poder en mí".

¿Está usted consciente de esta inextinguible y continua provisión de poder divino con que ha sido investido? Si es así, ¿la está usando para tener éxito? ¿Cree usted realmente que Dios "es poderoso para hacer todas las cosas mucho más abundantemente de lo que pedimos o entendemos, según el poder que actúa en nosotros" (Efesios 3:20)?

Transforme sus imposibilidades

Dios no piensa en términos de limitaciones. Nuestro Dios es un Dios de lo imposible. Jesús dijo: "Para Dios todo es posible" (Mateo 19:26). Por tanto, no cometa el error de ir siempre sobre seguro y pensar santurronamente que está siendo humilde. Esa clase de humildad es, simplemente, falta de fe. La humildad y la confianza verdaderas no son mutuamente excluyentes. En realidad, son interdependientes. Si camino en compañerismo con Dios, seré activo en mi vida de oración. Seré activo en mi estudio de la Biblia. Seré activo en mi testimonio, no solo en público sino también personalmente, cara a cara. ¡También seré activo dando u ofrendando dinero! Un proverbio árabe detalla la naturaleza de la confianza. Lea las siguientes palabras cuidadosamente:

El que no sabe, y no sabe que no sabe,
es un tonto; evítalo.
El que no sabe, y sabe que no sabe,
es un estudiante; enséñalo.
El que sabe, y no sabe que sabe,
está dormido; despiértalo.
El que sabe, y sabe que sabe,
es un sabio; síguelo.

El rey de la confianza

Anteriormente mencioné al Dr. Kyung-Chik Han. Dediqué al Dr. Han mi primer libro sobre liderazgo, *El líder*. Considero que él es el líder más grande que he conocido u oído (con la excepción de

Jesucristo). Se puede decir esto solamente una vez. Este apreciado hombre huyó de los comunistas de Corea del Norte. Llegó a Seúl, Corea del Sur, sin un centavo y solo con la ropa que llevaba puesta. Llevaba en su cuerpo las marcas del Señor Jesús. En Seúl fundó la Iglesia Presbiteriana Young Nak solo con 27 refugiados. Los retó a reunirse con él cada mañana a las 5 horas para orar.

En noviembre de 1946 el incipiente rebaño consiguió una vieja carpa. Ese año comenzó a nevar temprano. Un domingo en la mañana, mientras estaban sentados en la fría carpa con unas pocas estufas no muy buenas, la nieve derretida se volvió tan pesada que hizo trizas los paneles de lona de la carpa, y esta se vino abajo. La nieve derretida se mezcló con las lágrimas de la gente, y le preguntaron al Dr. Han "¿Qué vamos a hacer?" El Dr. Han los inspiró con la fortaleza del Señor: "Tenemos que construir una gran iglesia." Una viuda pasó al frente, y dijo: "No tengo nada de dinero, pero aquí está mi anillo de matrimonio." Luego le siguió otra mujer, que dijo: "Voy a traer mañana mi tazón de arroz y la cuchara. Puedo usar los de mi vecina, y podemos comer a horas diferentes." Otro miembro dijo: "Voy a traer mañana mi frazada, porque mi compañero y yo trabajamos en turnos diferentes. Puedo usar la frazada para dormir mientras él trabaja, y él podrá usarla a la hora normal."

Alrededor de 1970, cuando prediqué allá por primera vez, la iglesia Young Nak, con su estructura gótica, era dueña de uno de los edificios de iglesias más hermosos que yo haya visitado. En esa época, el ingreso anual de la iglesia era el equivalente a más de 20 millones de dólares. Hasta donde sé, ninguna otra iglesia en el mundo había recibido esa cantidad de ingresos (excepto una o dos que tenían grandes ingresos por sus programas de televisión). El Dr. Han llevó a sus miembros a construir universidades, orfanatos, asilos de ancianos y otras instituciones para ayudar a desvalidos y maltratados. Además, plantaron otras 506 iglesias. Una estaba ubicada en California; y en el lapso de 20 años esta era la tercera iglesia más grande de todas las denominaciones que había en el estado.

¿Cómo explica usted eso? El Dr. Han se regocijaba por el poder continuo que el Señor Jesús derramaba en él y actuaba con base en ello, sabiendo que el Señor había prometido su poder para hacer todas las cosas mucho más abundantemente de lo que el Dr. Han pudo, alguna vez, haber pedido o pensado.

Cuando oigo a personas quejándose porque no tienen el dinero suficiente para hacer lo que Dios quiere que hagan, eso me molesta. Corea del Sur, que fue una de las naciones más pobres del mundo, es ahora una nación próspera, con uno de los niveles de vida más alto en el mundo. Yo atribuyo eso al Dr. Han. Según unos líderes de la Iglesia Presbiteriana Young Nak, cuando los norcoreanos se reunieron por primera vez con los surcoreanos hace algunos años en Pionyang, una de las primeras preguntas que los norcoreanos hicieron a los surcoreanos fue *¿Cómo está el reverendo Han?*

Las personas confiadas se atreven a dar

Dios requiere a sus hijos que den un diezmo de su "ganancia" (Deuteronomio 14:22). Eso incluye no solo el salario y los dividendos, sino también el valor aumentado de sus activos.

> Traed todos los diezmos al alfolí y haya alimento en mi casa; y probadme ahora en esto, dice Jehová de los ejércitos, si no os abriré las ventanas de los cielos, y derramaré sobre vosotros bendición hasta que sobreabunde (Malaquías 3:10).

En el curso de mi larga vida, con frecuencia algunos bien intencionados miembros de iglesias me han dicho *Dr. Haggai, simplemente no tengo suficiente dinero para diezmar. Cuando, al fin, tenga pagadas mis facturas y no tenga deudas, voy a hacerlo*. Esa es una vieja doctrina del infierno. Trágicamente, esta falta de confianza en la promesa de Dios es la que impide actuar con osadía en términos de finanzas, y les roba a los desobedientes las bendiciones prometidas por Dios.

Dios no nos da recursos para que los despilfarremos. No nos da poder para que este sea ignorado. No nos da fortaleza para que la despreciemos, a pesar de nuestras palabras altisonantes. Tuvieron que pasar treinta y cinco años para que se apreciara la percepción de John H. Sammis, quien escribió la letra del himno *Para Andar con Jesús*, que habla sobre la obediencia.

Son muchas las personas que quieren responder a la gracia salvífica de Dios con un estilo de vida amante de la libertad, sin deberle nada a nadie. Pero todo el resultado de la salvación se resume en una palabra: *obediencia.*

El último mandamiento

Hace varios años atrás, me reuní con una de las parejas más excepcionales que jamás haya conocido. Craig Wierda tenía 31 años, y su esposa, Emilie, no llegaba a los 30. Ellos captaron la visión de adiestrar a líderes no occidentales para obedecer el mandato de Jesús de evangelizar al mundo. De inmediato empezaron a apoyar al Instituto Haggai y a reclutar a otros. Emilie convenció a sus padres para que vinieran a Maui a observar, con sus propios ojos, de que se trataba el trabajo. Convenció a su padre y a su madre que debían financiar una sesión por 250 mil dólares… y lo hicieron.

De regreso, en su jet privado, el señor Edgar Prince, el padre de Emilie, dijo: "Vamos a financiar una sesión cada año durante los próximos tres años." Pero ellos han hecho mucho más que eso, y por mucho más tiempo. Después de un mes de haber regresado a casa, Ed Prince partió con el Señor. La señora Prince ha continuado con su apoyo maravilloso por más de 17 años.

Craig y Emilie Wierda trajeron a docenas de personas a

observar el ministerio. Esta joven pareja tuvo la visión de convertir un hotel de cuatro estrellas, el Maui Sun, en uno de cinco estrellas: como un centro de adiestramiento ultramoderno. Han dado millones de dólares a este ministerio, incluyendo la renovación de esta instalación. Emilie le habló a uno de los más destacados fabricantes de mobiliario de primera calidad en los Estados Unidos, el señor G.W. Haworth, acerca de este ministerio de forma tan convincente, que él proporcionó el mobiliario con un descuento enorme. De hecho, donó algunos muebles y también dio dinero para patrocinar a estudiantes. Emilie trajo a un arquitecto y a sus colegas desde Michigan hasta Maui para hacer el trabajo. Importaron las maderas más finas. No querían que este trabajo para el Señor fuera hecho miserablemente. Mucha gente considera que este centro no tiene parangón en ninguna parte del mundo.

¿Cómo explicarlo? Dos personas jóvenes actuaron con la confianza de saber que el Señor Jesús continuaba derramando su poder en ellos.

Es mejor ser David que Goliat

David era el hijo menor y el más pequeño de los ocho hijos de Isaí. Goliat media dos metros y noventa centímetros de altura. Goliat representaba a los filisteos. Se burlaba de los israelitas, y los desafiaba a que enviaran uno de sus hombres para pelear con él. El rey Saúl sobrepasaba completamente en estatura a todos los israelitas pero, al igual que al resto de ellos, le temblaban las piernas. Sin embargo, David consideraba que Goliat era un gran fanfarrón que podía ser derribado. Sus palabras exactas fueron: "¿Quién es este filisteo incircunciso, para que provoque a los escuadrones del Dios viviente?" (1 Samuel 17:26).

Su hermano mayor, Eliab, acusó airadamente a David de orgullo e insolencia. David se volvió a otros, pero ellos también lo menospreciaron e informaron al rey Saúl sobre lo que había dicho David. Nadie más estaba dispuesto a aceptar el desafío de Goliat, de modo que Saúl llamó a David para tener una conversación de emergencia con él. David le dio a Saúl un breve resumen. Le dijo que Dios le había permitido matar tanto a leones como a osos. Le aseguró a Saúl que así como Dios le había capacitado para derrotar animales salvajes, también le daría el poder para derrotar a Goliat. Entonces, Saúl le ofreció su armadura a David, incluyendo su casco y una cota de malla. Pero David le respondió: "Yo no puedo andar con esto, porque nunca lo practiqué" (v. 39). En vez de eso, David tomó una honda y cinco piedras lisas. Con solo la primera piedra mató a Goliat, luego desenvainó la espada de este y lo decapitó con su propia arma. Los filisteos huyeron y los israelitas prevalecieron.

La historia se ha vuelto proverbial. Personas que nunca han leído la Biblia están familiarizadas con David y Goliat. Los que llevan las de perder y vencen usualmente son llamados *matagigantes*. Sin embargo, David no solo era valiente, inteligente o afortunado. El libro de Proverbios dice acertadamente lo que pasó con Goliat: "El temor del hombre pondrá lazo; mas el que confía en Jehová será exaltado" (Proverbios 29:25).

Momento para decidir

Los psiquiatras modernos han dicho con mucha frecuencia que uno de los más grandes problemas que enfrenta la gente hoy día es la ausencia de propósito. ¿Qué mayor propósito puede existir que caminar con la seguridad de saber que el Señor Jesús continúa derramando su poder en nosotros, y que no tenemos nada que temer? Nos movemos, caminamos y oramos con confianza.

Esa confianza no está arraigada en nuestra propia personalidad o circunstancias. De hecho, reconocer nuestra propia falta de capacidad es uno de los primeros requisitos para el éxito si, como el apóstol Pablo, ponemos nuestra confianza en Dios. El profeta

Isaías escribió: "En quietud y en confianza será vuestra fortaleza" (Isaías 30:15).

La disposición para intentar lo imposible es el ingrediente clave del éxito, no porque las imposibilidades sean, realmente, posibilidades disfrazadas, sino porque el Dios en quien colocamos nuestra confianza no tiene limitaciones.

El mundo dice: *"Conoce tus limitaciones, porque de esa manera estarás seguro"*. La Biblia contradice: "*Desecha la palabra "imposible", porque esa palabra es como grilletes en tu mente.*"

Al mundo o a la Biblia. ¿A quién vas a escuchar?

Capítulo 5

El mundo dice: "No te busques problemas"

~

La Biblia enseña: "Nunca desaproveches un fracaso"

Yo puedo hablar de adversidades desde una profunda perspectiva personal. Debido a los brutales efectos de un parto mal manejado, mi único hijo, Johnny, estuvo confinado a una silla de ruedas todos sus 24 años. A medida que pasaba el tiempo, mi esposa Chris y yo lo observamos experimentar las etapas de desarrollo. Internamente eran normales, pero externamente, anormales. A él le fue negado uno de los bienes más importantes de la vida, un cuerpo sano. Él nos veía caminar por la habitación. Nos veía sentarnos, ponernos de pie y mover nuestros brazos. Nos veía tomar objetos con nuestras manos. Él quería imitar todo eso. Solo Dios sabe cuán profundamente nos dolía ver a Johnny luchando para manipular su cuerpo. En la profundidad de su mirada podíamos ver un anhelo por levantarse, caminar y estirar sus brazos para tocar y sostener algo. La angustia se dibujaba en su rostro al darse cuenta, con el correr del tiempo, que el mundo de las personas normales no iba a ser su mundo. Sin embargo, él amaba ese mundo.

A medida que se iba haciendo mayor lo llevábamos fuera, algunas veces para pasearlo en el auto. Con mayor frecuencia Chris o la madre de ella, lo llevaban por la acera en su silla de ruedas. Él quería estar donde estaba la gente. Durante horas, se sentaba para observar a los niños jugando, y daba chillidos de deleite ante sus travesuras; sacudía su torcido cuerpecito al ver el balanceo de un bate de béisbol y se ponía tenso en los momentos emocionantes de un juego de basquetbol. Nosotros siempre estábamos investigando, en la búsqueda de cualquier posibilidad mediante la cual pudiéramos acercarlo a una vida normal.

Por ejemplo, cuando era muy pequeño lo llevamos a terapia. Si usted ha observado a niños con discapacidades severas, debe saber lo que es el *patterning* (terapia mediante patrones neuronales). Es un procedimiento en el cual el terapista guía las extremidades de un niño simulando gatear, algo parecido a lo que se hace en natación, hasta que la mente del niño se adapta a la acción y puede encargarse de hacerlo por sí mismo. Multitudes de niños que de otra manera hubieran quedado paralizados de por vida, han aprendido al menos a gatear gracias al proceso del *patterning*.

Para Johnny, la terapia del *patterning* exigía una práctica más larga. Para lograr algún resultado, el terapista nos dijo que Johnny necesitaría cinco sesiones diarias, las cuales podían hacerse en casa. Sin embargo, para cada sesión hacían falta cinco mujeres cada día (veinticinco en total).

Diligentemente, el terapista reclutó personas para nosotros. La mayoría de las mujeres solo podía venir a una sesión por semana, así que teníamos más de cien voluntarias. Sin embargo, le aplicaba mucha de la terapia ella misma. Johnny se esforzaba por hacer bien su terapia. Ningún atleta en una competencia olímpica se esforzó tan enérgicamente por ganar. ¡Cómo luchaba con tanta determinación en sus ojos!

Sí aprendió a gatear, pero solo un poco. Sin embargo, el *patterning* fue de mucho beneficio más allá de su propósito específico. Posteriormente, cuando se le desarrolló a Johnny una osteoporosis severa, el médico nos dijo que sus huesos se habrían vuelto polvo sin esa terapia de ejercicios. Después, conseguimos una costosa máquina de *patterning* cuya manipulación le resultaba incómoda a Johnny. Pero él hacía lo más que podía para servirse de ella. Al igual que nosotros, parecía que él visualizaba una mejoría continua en su condición física. Estaba dispuesto a alargar cualquier esfuerzo sin importar cuán incómodo o doloroso fuera, o por cuánto tiempo se extendiera, siempre con el propósito de mejorar. Yo le decía: "¡Eres todo un valiente, amigo!", y respondía con una sonrisa.

Nuestra mayor esperanza con el *patterning* era que pudiéramos desarrollar vías de nervios sustitutos para evadir los que estaban dañados, de modo que pudiera aprender a caminar. Pero en 1965, después de dos años de lucha infructuosa, llegamos a la conclusión de que el procedimiento estaba causándole más daño que bien, y decidimos dejarlo. Pienso que Johnny se sintió aliviado. Pero, al igual que nosotros, estaba decepcionado.

Sin embargo, aunque le faltaba la habilidad física, demostraba una creciente aptitud mental. Chris hacía que participara en el mayor número de experiencias posible. Le enseñó la fragancia de las flores. Johnny parecía tener el sentido normal del tacto, y ella lo dejaba ver y sentir varios objetos en la casa. Descubrió las diferentes texturas de la ropa. Aprendió los colores. Llegó a ser agudamente sensible a los diferentes sonidos dentro y fuera de la casa. Y también tuvo una enorme cantidad de amigos alrededor del vecindario.

Al final, vivió muchos más años de lo que los médicos esperaban. Se convirtió en un guerrero de oración por mi ministerio. Oculto dentro de un trágico fracaso estaba un triunfo dado por Dios.

El éxito nunca es una línea recta

Cada vez que pienso en cuanto al fracaso, recuerdo a Johnny, y de repente veo todo en perspectiva. Él luchó contra dificultades verdaderamente aplastantes; Chris y yo nos preocupábamos por él, así que nosotros también luchamos. Por medio de Johnny, Dios me enseñó que lo que muchas veces parece un fracaso, en realidad es una vía hacia el éxito que no habríamos podido encontrar de otra manera.

El fracaso y el éxito van siempre ligados. Son las dos caras de la misma moneda.

Vi a Babe Ruth jugar béisbol en el Fenway Park, en Boston, en 1928. Él había anotado más cuadrangulares que cualquier otro jugador de béisbol (una marca que se mantuvo hasta que Hank Aaron la sobrepasó en 1974). Lo que muchas personas olvidan es que Babe también falló al bate más veces que cualquier otro jugador en la historia. Podríamos decir que con cierta frecuencia, el éxito está en proporción directa a los fracasos.

El Dr. Napoleon Hill me contó sobre una larga visita que hizo a Thomas Edison en su casa. Mientras narraba la historia, dijo que le había preguntado al señor Edison cuántas veces había experimentado con el filamento de luz eléctrica antes que tuviera éxito. Edison contestó que fueron algo así como mil doscientas veces. Entonces, el Dr. Hill le preguntó: "Sr. Edison, ¿cómo explica el hecho de que haya tenido éxito la última vez?" Bromeando, Edison dijo: "¡Es que agoté las posibilidades de fracaso!" A lo que el Dr. Hill insistió: "Pero, suponiendo que no hubiera tenido éxito, ¿qué habría hecho entonces?" Edison respondió: "Todavía estaría experimentando, en vez de estar desperdiciando tontamente mi tiempo hablando con usted."

Cada vez que Edison realizaba un experimento escribía informes detallados en sus libretas acerca de lo que había hecho, y cuáles habían sido los resultados. Muchas páginas de sus notas están ribeteadas con varios estilos floridos de escritura a mano. Hasta escribió poemas. También dibujó muchos bocetos. Evidentemente, sea lo que fuera lo que estuviera pensando, lo ponía por escrito. El fracaso nunca lo detuvo. Rara vez se desanimaba cuando los experimentos no funcionaban.

Cada experimento fallido llevaba a su pensamiento hacia una nueva dirección. Edison tenía la capacidad de resolver problemas y de aprender de sus fracasos. Veía cada fracaso como un paso en la ruta hacia el éxito. Según la leyenda, fracasó diez mil veces en sus experimentos con acumuladores de corriente eléctrica. Pero dijo: "No he fracasado. Solo he descubierto diez mil maneras que no funcionan."

Thomas Carlyle dijo que "genio es la capacidad infinita para hacer esfuerzos." Edison nunca se rindió. Veía cada fracaso como una oportunidad.

Pocas personas tienen éxito la primera vez

En el Antiguo Testamento, Jacob se enamoró de Raquel, la menor de las dos hijas de Labán, a quien pidió la mano de Raquel para casarse con ella. Labán, manipulador como siempre, le dijo: "Trabaja para mí durante siete años, y te podrás casar con ella." Jacob trabajó durante siete años. Al final de ese tiempo, el tramposo Labán dijo: "No te puedes casar con la hermana menor estando la mayor aún sin casarse, así que, toma a Lea." Obviamente, a Jacob no le gustó el arreglo. Al leer sobre su carácter, considero que se puso furioso; pero trabajó otros siete años por Raquel, el amor de su vida.

Lo triste del episodio es que Jacob era tan maquinador, mañoso y tramposo como su suegro. Con la ayuda de su maquinadora madre le había robado la primogenitura a su hermano Esaú, y de esta manera la bendición del padre. Jacob se había puesto a sí mismo en problemas serios. Posteriormente, cuando Jacob se enteró de que su hermano Esaú venía a encontrarse con él, mandó a un enviado especial con un enorme regalo de bueyes, asnos, ganado, siervos y siervas, junto con este mensaje: "Te envío todo esto… para hallar gracia en tus ojos." Esaú pareció no hacer caso al soborno, porque los siervos de Jacob regresaron con la noticia de que Esaú estaba, de hecho, viniendo con 400 hombres. El terror se apoderó de Jacob. Organizó a su familia y a todo lo que tenía en dos grupos, preparándose para el encuentro el día siguiente. Esa noche, Jacob envió a su familia al otro lado del arroyo de Jaboc, mientras él se quedaba atrás solo. Durante la noche luchó con Dios, y al amanecer dijo: "No te dejaré ir si no me bendices." Al día siguiente, cuando Jacob y Esaú se encontraron, se abrazaron y lloraron.

Jacob fue, indudablemente, una de las personas más exitosas de la historia. También se le considera como uno de los más grandes truhanes y el causante de algunos fracasos catastróficos.

Me gusta el título del libro del Dr. Erwin Lutzer *¡Vence el temor al fracaso!* Al igual que José, algunos de los hombres más exitosos de la industria en Estados Unidos sufrieron fracasos brutales antes de tener éxito. Henry Ford, F. W. Woolworth, R. H. Macy… de hecho, Macy fracasó siete veces antes que su tienda e… New York se volviera popular.

Usted se cayó la primera vez que intentó caminar.

Usted casi se ahogó la primera vez que trató de nadar…

Usted no bateó la primera vez que levantó el bate. …ntes de

El novelista inglés John Creasey recibió 733 neg…
que aceptaran publicar 564 de sus libros. …oma "me-

Cuando el historiador Edward Gibbon est… un análisis
ditando entre las ruinas del Capitolio", dec… …ajo le tomó
de uno de los mayores fracasos del mun… *…cia y caída del*
dos años y produjo el clásico *Historia d…* …obra raramente
Imperio Romano (en seis extensos vol…
superada en su precisión y detalles…

¿Qué es lo que une al fracaso con el éxito?

- "No nos cansemos, pues, de hacer bien; porque a su tiempo segaremos, si no desmayamos" (Gálatas 6:9).
- "Los pensamientos del diligente ciertamente tienden a la abundancia; mas todo el que se apresura alocadamente, de cierto va a la pobreza" (Proverbios 21:5).
- "El alma del perezoso desea, y nada alcanza; mas el alma de los diligentes será prosperada" (Proverbios 13:4).
- "La mano negligente empobrece; mas la mano de los diligentes enriquece" (Proverbios 10:4).

George Bernard Shaw, el famoso escritor y dramaturgo socialista, escribió durante nueve años antes de que un editor aceptara sus escritos. Todo lo que he leído acerca de él me lleva a creer que nunca permitió que el desánimo lo disuadiera de su objetivo. El desánimo es cosa prohibida para el hijo de Dios.

Comenzamos este libro con el versículo: "Nunca se apartará de tu boca este libro de la ley, sino que de día y de noche meditarás en él, para que guardes y hagas conforme a todo lo que en él está escrito; porque entonces harás prosperar tu camino, y todo te saldrá bien" (Josué 1:8). La Escritura también dice: "Esforzaos y cobrad ánimo; no temáis, ni tengáis miedo de ellos, porque Jehová tu Dios es el que va contigo; no te dejará, ni te desamparará" (Deuteronomio 31:6).

J. K. Rowling, a los 42 años de edad, pronunció su discurso de veintiún minutos en la ceremonia de graduación en la Universidad de Harvard en 2008, dijo que después de graduarse de la universidad vivió de la asistencia pública durante siete años. Estas son sus palabras:

> En última instancia, todos tenemos que decidir por nosotros mismos qué es lo que constituye un fracaso, pero el mundo está muy ansioso de darte un conjunto de criterios, si lo dejas. Por tanto, pienso que es justo decir que, de acuerdo con cualquier medida convencional, yo había sido un fracaso a escala colosal a solo siete años después de mi graduación. Un matrimonio que duró poco había colapsado. Estaba desempleada, era una madre soltera y lo más pobre que se puede ser en la Gran Bretaña moderna, sin ser indigente. Los temores que mis padres habían tenido respecto a mí, y los que yo había tenido en cuanto a mí misma, se habían cumplido; y, de acuerdo con todos los criterios usuales, yo era el más grande fracaso.[1]

En el momento que habían pasado catorce años desde que salió de la universidad, ella apareció en la revista *Forbes* en la lista de las personas más ricas del mundo. Había amasado una fortuna neta de más de 1000 millones de dólares.

Cuando Richard DeVos fundó junto con su amigo de la escuela, Jay Van Andel, la compañía Amway, alquilaron un auditorio con capacidad de 200 asientos para reclutar personas que distribuyeran sus productos. Solo aparecieron dos personas.

Tuvieron que conducir de regreso a casa porque no tenían dinero suficiente para pasar la noche en un motel. Otros hombres de menor valía habrían abandonado la idea diciendo *"Bueno, pensamos que era una buena idea, pero, simplemente, no va a funcionar."* Pero ni Rich ni Jay eran esos hombres. Siguieron el consejo bíblico: "Y todo lo que te venga a la mano, hazlo con todo empeño" (Eclesiastés 9:10 NVI). Hoy, Amway genera ingresos brutos anuales de 10 000 millones de dólares.

Es posible que usted esté familiarizado con el legendario escritor de publicidad Joe Sugarman, a quien el *New York Times* apodó "El fanático de los pedidos por correo". Sugarman decía que teniendo éxito en uno de cada diez proyectos haría una fortuna. ¡Suponga que se hubiera dado por vencido después de una sucesión de cuatro o cinco pérdidas! Ted Nicholas, el redactor publicitario mejor pagado de la historia, ha producido más de 7 mil millones de dólares en ingresos. Dijo que había hecho su fortuna con tres o cuatro triunfos en cada diez esfuerzos. ¡Suponga que se hubiera dado por vencido después de un ensayo de seis o siete intentos estériles! Cuando Benjamin Disraeli pronunció su primer discurso en la Cámara de los Comunes de Gran Bretaña, fue abucheado. Hizo esta promesa solemne: "Aunque ahora me siente, llegará el momento en que me escucharán." Y así sucedió. Cuarenta y un años después, Disraeli logró la atención de ellos y su apoyo. Sirvió con excelencia dos veces como primer ministro. Hay quienes lo consideran el líder más brillante de Gran Bretaña, con la excepción de Winston Churchill.

Paul J. Meyer es el fundador de *Success Motivation International* (Motivación al Éxito Internacional). En varias ocasiones ha sorprendido a sus auditorios al decirles que el 65% de sus negocios fracasaron. Luego les contaba las lecciones que había aprendido de sus fracasos.

El multimillonario reparador de bicicletas

El Dr. Mochtar Riady, un indonesio de etnia china, siempre había tenido el deseo de su corazón en ser un banquero. Sin embargo, hace cincuenta años los de etnia china no podían trabajar en posiciones de prestigio en Indonesia. Con sus deseos reprimidos, recurrió a la importación y venta de repuestos para bicicletas. Trabajó ardua y fielmente dando siempre a los clientes un trato justo y honesto. La banca parecía un sueño lejano —tal vez una ilusión—, pero mantuvo su enfoque y determinación de incursionar algún día en el negocio bancario.

Por fin, un banco le dio un trabajo de baja categoría. Él mantuvo su ética de trabajo y continuó con sus estudios. Pudo mantener un ritmo intenso hasta obtener un doctorado. En ese momento formó lo que actualmente es el famoso Grupo de compañías Lippo, que incluye al Banco Lippo y, después, a la Compañía de Seguros de Vida Lippo. Su empresa multinacional también incluyó desarrollos urbanos, ventas al por menor, propiedades, cuidado de la salud, educación e internet. Compró un barrio miserable de 243 hectáreas y, en menos de tres años, él y su hijo, James, la convirtieron en una "ciudad del mañana". Les proporcionaron a todas las personas de la zona mejores casas de lo que alguna vez pudieran haber soñado. También les proveyó oportunidades de empleo, que anteriormente se las habían negado. Construyó un hospital de 300 camas, un hotel de cinco estrellas y viviendas que bien se podían comparar con los exclusivo distritos residenciales de cualquier ciudad del mundo.

El Dr. Riady hizo los arreglos para que sus hijos recibieran la mejor educación académica y la mejor educación práctica posibles (trabajando en instituciones financieras, de seguros e inmobiliarias). Sus hijos desarrollaron grandes habilidades de negocios, un ingenio extraordinario y habilidades relacionales superiores. En muchas ocasiones, el Dr. Riady puso todo en riesgo, y aun a él mismo, exponiéndose potencialmente a un desastre económico. Pero en todo ese tiempo trató a las personas con honestidad, asegurándose de que disfrutaran de los beneficios del valor añadido de haberse aliado con sus empresas. El Dr. Riady sufrió oposición, incluyendo insultos severos y traiciones crueles. Durante las dificultades económicas en el sureste asiático, algunos indonesios se molestaron por lo que percibieron como corrupción política, y descargaron su hostilidad contra Riady. El daño a Lippo Karawaci ascendió a millones de dólares. Con todo, nunca oí quejarse a ningún miembro de la familia. El Dr. Riady debió haber sufrido una aflicción profunda cuando algunos de aquellos a quienes había sacado de la pobreza destrozaron y saquearon tiendas y fábricas de Lippo Karawaci.

Durante la década de 1990, críticos y políticos perturbaron a los Riady acusándolos de culpabilidad por asociación. Los Riady no se defendieron, sino que simplemente pusieron su confianza en Dios y esperaron pacientemente que la verdad saliera a la luz al final. El Dr. Riady nunca permitió que su entorno lo controlara. Él perseveró en sus metas. La parte más impresionante de la oficina de los Riady es la magnífica pintura de Jesús lavando los pies de sus discípulos. Cuando lo visité en 1997, me llamó la atención la serena presencia de la señora Riady en una esquina de la oficina, mientras preparaba su lección de estudio bíblico.

El Dr. Riady se convirtió al Señor Jesucristo en sus años maduros y, luego de un comprobado éxito en los negocios, demuestra día tras día el poder de convertir el fracaso en éxito. Un espíritu menos intrépido se hubiera replegado en muchas ocasiones. Pero Mochtar Riady ha impactado al mundo positivamente al permitir que los fracasos engendren éxitos sorprendentes.

Los reveses no llegan a ser más grandes que este

En 1964, durante una visita a Beirut, Líbano, hice un descubrimiento asombroso. Para entonces, una plétora de empresas estadounidense se había dado cuenta de que los días de predominio occidental en el mundo no occidental habían terminado. Pero, la iglesia no lo había notado. Impulsado a actuar por esto, oré y entonces planifiqué un ambicioso seminario de seis semanas para adiestrar a líderes del mundo no occidental, de modo que usaron su liderazgo para el evangelismo efectivo.

Pero esto no iba a ser barato. Había hecho compromisos que ascendían a alrededor de los 85 mil dólares. Estaba en espera de 50 mil que me había ofrecido un empresario petrolero, 20 mil de un magnate transportista, y dos donativos, uno de 10 mil y otro de 5 mil. Sin embargo, en la primavera de 1969 la bolsa se vino abajo. Estas dignas personas que, de buena fe, me habían prometido el dinero, simplemente ya no disponían de efectivo.

El 9 de septiembre de 1969 mi secretaria, Alberta Schuller, me dijo: "Pastor, la aerolínea PanAm mandó a decir que van a cancelar todos los boletos a menos que reciban el dinero mañana." Me golpeé la frente con la palma de mi mano, y dije: "Caramba, ¿tan pronto llegó el momento?" Le dije a Alberta: "Por favor, escribe este mensaje y envíalo por cable: "Debido a obstáculos inesperados e inevitables, se ha pospuesto la sesión de adiestramiento indefinidamente. Disculpas, saludos, oraciones, John Haggai"." Cuando ella terminó de tomar nota del mensaje, levantó su mirada, me vio y comenzó a llorar. Le dije: "No hagas eso. No es lo que necesito en este momento." "¿Por qué permite esto el Señor?", preguntó. "Alberta, no culpes al Señor. Cúlpame a mí. Evidentemente, me adelanté al Señor. Es muy posible que no haya entendido bien lo que creí que era a lo que me estaba guiando a hacer. Ora para que yo sepa qué hacer y para que haya el menor daño posible." Luego, agregué una curiosa orden que hasta a mí me sorprendió. Eran las 2:00 pm y le dije: "Alberta, si no sabes de mí a las 4:00 pm, envía la comunicación a todas las personas involucradas." Ella respondió: "Pero eso va a destruir su credibilidad con los conferencistas y los participantes. Y, francamente, pastor, no creo que alguna vez vaya a tener un programa de adiestramiento si este no se lleva a cabo." "Alberta, todas esas cosas, y otras más, pasaron por mi mente en el momento que me contaste el problema. Ahora es el tiempo para orar."

Entré a mi oficina y, literalmente, me tendí en el piso con los brazos y las piernas abiertas ante el Señor. Estaba agonizando. Le pedí al Señor que me perdonara si había sido un terco y necio por haber ido en una dirección que no era su voluntad. A las 3:45 pm, el timbre de mi teléfono intercomunicador interrumpió mi oración. Tendido en el piso, levanté mi mano izquierda hacia el escritorio para responder la llamada.

—¿Dr. Haggai?— La voz de Alberta tenía un timbre suave, pero la escuché.

—¡Sí, ¿qué sucede?!— grité, con una tensión en mi voz que denotaba mi impaciencia.

—Carl Newton, de San Antonio, está en la línea.

—Lo siento— le dije —no puedo hablar con él ahora. Le devolveré la llamada.

—Usted debe hablar con él— insistió.

—No tengo que hablar con él ni con nadie más en este momento. Ni siquiera si fuera el arcángel Gabriel. Estoy hablando a su Jefe.

Pero ella persistió. Aunque estaba irritado con ella, atendí la llamada.

—Hola, Carl. ¿En qué puedo ayudarte?

—John— respondió Carl —el mercado se ha ido al traste. Mis acciones han caído de 57 dólares la acción a 13 dólares desde mayo.

¿Me había esforzado todo el día para escuchar noticias estimulantes como ésa? Le dije:

—Lo siento, Carl. He estado hablando con el Señor acerca de otro asunto, y voy a incluir este problema en mis oraciones.

Él me dijo:

—Espera un momento, tonto. Necesitas algo de dinero, ¿no es así?

—Por supuesto, pero no parece que estés en posición de poder ayudar.

—Bueno, John, no puedo darte ninguna acción de la empresa. Soy el Director Ejecutivo y el accionista mayoritario, y cualquier venta de acciones que yo hiciera podría causar una reacción de pánico en la compañía.

—Lo entiendo, Carl.

—Pero, espera un minuto. Pudimos conseguir un préstamo de

100 000 al 8% por ciento, por doce meses. En ese tiempo debo haber podido conseguir algo de liquidez. Llama al hombre de tu banco en Atlanta. Janie y yo enviamos un giro con una donación de 100 000 hace un par de horas.

Apenas podía creer lo que acababa de oír. Cuando colgué el teléfono el reloj de mi escritorio marcaba las 3:54 pm. Seis minutos más, y no habría ningún Instituto Haggai. Más tarde, Carl me dijo: "No sabía cómo iba a hacerlo, pero me vi impulsado a actuar. Nunca he adquirido un compromiso del cual no estuviera orgulloso y, que al momento de adquirirlo, no viera ninguna posibilidad de cumplirlo."

Mientras estoy escribiendo esto, más de 86 600 líderes mundiales que trabajan en 184 países han transferido su adiestramiento avanzado a millones de otras personas. Yo fracasé y aprendí de los fracasos. Pero Dios concedió el éxito.

Momento para decidir

No toda persona ha experimentado el éxito, pero el fracaso nos golpea a todos, en un momento u otro. Con frecuencia, nos golpea muchas veces. Usted puede aceptar el fracaso como algo definitivo, o considerarlo solo como un revés, una derrota temporal.

El mundo dice: *"No te busques problemas, porque los errores pueden dañar tus finanzas y tu reputación"*. La Biblia enseña: *"Nunca desaproveches un fracaso, porque el fracaso ofrece una gran educación que puede aumentar tus oportunidades de tener éxito."*

Al mundo o a la Biblia. ¿A cuál vas a escuchar?

Capítulo 6

El mundo dice: "Triunfa y disfruta"

~

La Biblia enseña: "Triunfa y construye"

Tuve la inspiradora experiencia de conocer a J. C. Penney en Florida en 1960. En ese momento, él tenía 85 años de edad, y vivió diez años más. El padre de Penney, el Rvdo. James Cash Penney, sirvió como pastor no remunerado y se dedicó a la agricultura para ganarse la vida. Cuando su hijo y tocayo tenía solo ocho años, el reverendo le dijo que debía comprar su propia ropa. Lo hizo para inculcar en su hijo el valor del dinero y de la confianza en sí mismo.

J. C. Penney compró efectivamente su propia ropa. Lo hizo comprando un cerdo y engordándolo para venderlo, obteniendo una magnífica ganancia. Entonces dio un giro y empezó a cultivar y vender sandías. Penney se graduó de la escuela secundaria en la Hamilton High School en 1893, pero no contaba con el dinero para una educación de mayor nivel. Con la ayuda de su padre, consiguió un trabajo como empleado en una tienda local de confecciones y vestimenta. Comenzó el 4 de febrero de 1895 ganando 25 dórales mensuales. Su salud empezó a fallarle dos años después. Por recomendación de su médico se fue a Colorado en 1897 para recuperar su salud. Trabajó brevemente en dos tiendas y luego compró una carnicería. Prefirió ir a la bancarrota en vez de servir whisky al cocinero en un hotel local para tener ventas.

En Colorado, aprovechó la oportunidad de trabajar en la tienda T. M. Callahan's First Golden Rule Mercantile Company (Primera Compañía Mercantil Regla de Oro de T.M. Callahan). Dos años después, Callahan le pagaba a Penney 50 dólares mensuales por trabajar en su tienda en Evanston, Wyoming. Tres años después, Penney abrió una nueva tienda Golden Rule en Kemmerer, Wyoming. La tienda se capitalizó con 6000 dólares, de los cuales una tercera parte era de Penney. Eso lo convirtió en socio minoritario. El ser socio aumentó sus ambiciones, estimuló su imaginación y le dio la idea de tener, algún día, una cadena de tiendas de su propiedad basándose en el mismo principio de socio-propietario que tuviera participación en las ganancias. Durante muchos años vivió modestamente en un desván en la parte alta de la tienda. Abría la tienda a las siete de la mañana, cerraba a las nueve de la noche, y trabajaba medio día los domingos.

En 1903 adquirió la tercera parte de la participación en otra tienda Golden Rule, y un año después era supervisor de una tercera tienda de la cual había adquirido una tercera parte de la participación. En 1907 Penney compró las participaciones restantes de estas tres tiendas Golden Rule. Seleccionó y entrenó gerentes de tiendas con el deber de compartir su experiencia con los vendedores más prometedores. Delegó responsabilidades, puso su confianza en su gente y, con el tiempo, los convirtió en socios cuando se abrieron nuevas tiendas. Compartía una tercera parte de las ganancias con los gerentes de las tiendas (un factor de motivación en los negocios, según Penney). El sistema de ganancias compartidas era algo desconocido para la mayoría de los negocios en ese tiempo. Embarcarse en esta práctica requería de una fe tenaz en sus propias ideas. El plan encontró sus raíces bíblicas en la Regla de Oro (aquella por la cual Callahan había dado nombre a su cadena): "Traten a los demás tal y como quieren que ellos los traten a ustedes" (Lucas 6:31 NVI).

A Penney le gustaba que lo llamaran "el hombre de los mil socios." De hecho, ese es el título de su autobiografía. Perdió 40 millones de dólares (más de 500 millones de los dólares actuales) en la Gran Depresión. A los 54 años, tuvo que empezar nuevamente con dinero prestado. Pero pronto recuperó su imperio. Murió a la edad de 95 años siendo el dueño de 1661 tiendas.

En sus últimos años hizo esta reflexión: "Creo en la adherencia a la Regla de Oro, a la fe en Dios, y al país." Esta es la gran verdad. A pesar de su fama en los negocios a lo largo y ancho del país, decía con frecuencia: "Me gustaría más bien ser conocido como un cristiano que como un comerciante." Penney estaba más preocupado por el futuro que por el pasado. Sus propios logros le interesaban menos que el futuro que estaba edificando para quienes estaban a su alrededor, incluyendo a sus empleados.

¿Quién va a recordarle a usted después de cincuenta años de su muerte?

La Biblia nos enseña que "ninguno de nosotros vive para sí, y ninguno muere para sí" (Romanos 14:7).

El difunto Pitirim Sorokin, quien fundó el departamento de sociología de la Universidad de Harvard, dijo que la persona promedio influye en, al menos, otras tres mil personas. Si eso es cierto, entonces las personas como usted, que están leyendo este libro, influirán probablemente múltiples veces en esa cantidad de personas.

Ciertos acontecimientos e ideas sobreviven debido a que han tenido una influencia poderosa. Entre estos se encuentran la Gran

Depresión, como también citas de Shakespeare, Patrick Henry y otros personajes famosos a través de la historia. Sin embargo, J. C. Penney comprendió que la fuerza más influyente de todas no es un acontecimiento o una idea, sino una persona.

Entonces, ¿qué clase de influencia ejerce usted actualmente en otros, o en algún grupo de personas? ¿Garantizará esa influencia un efecto duradero? ¿Qué impacto beneficioso ejercerá su influencia a lo largo del resto de sus días y en toda la eternidad?

Es posible que usted no haya escuchado el nombre de John Bolten, pero su influencia afecta a cada una de nuestras vidas todos los días. Bolten fue un alemán que llegó a los Estados Unidos y se convirtió en el padre de la industria del plástico. Pero mejor aun, se entregó al señorío de Jesucristo y ejerció un poderoso impacto para bien y para Dios en las vidas de miles y miles de personas. Cuando conocí a su hijo, John Bolten Jr., en 1982, este podría haber pasado por una mezcla de Anthony Eden y Douglas Fairbanks Jr. Su estatura estaba por encima de un metro con ochenta y cinco centímetros, su constitución era atlética e impactaba con su imponente presencia.

Aunque era de modales reservados, su carisma conquistaba los corazones hasta de sus conocidos casuales. Como anecdotista, podía mantener embelesado a su público, bien fuera una sola persona o miles. Calificaba como sumo miembro del *jet set* internacional, como un hombre de mundo de occidente. Repartía su tiempo entre los negocios, viajes, jugar al polo, esquiar y hacer velerismo.

Hubert von Pantz, en su libro sobre los hombres de mundo europeos más destacados, colocó a John al lado de notables tales como Clark Gable y Gary Cooper. Bolten era un invitado frecuente y popular al castillo Mittersill, de von Pantz, en Austria, uno de los lugares de distracción favoritos de la gente rica donde las importantes luminarias de las de Américas reían y bailaban con la aristocracia europea.

John se sentía en casa en estos círculos y se movía con facilidad en los más altos peldaños de la sociedad. Asistía a las reuniones más prestigiosas de las personas más cotizadas.

En Mittersill, al principio de la década de 1960, John conoció a Ines, una de las supermodelos de Europa, una belleza de pelo negro como el azabache, cuya distinguida figura hacía que la siguieran las miradas de todos adondequiera que iba. Se casaron en 1964. Él era el alemán de alta sociedad y ella, una glamorosa y cautivadora suizo-italiana. Para él, era su segundo matrimonio, y el primero para ella. Para ambos, este era "para siempre." Vivían a toda máquina. Trabajaban y se divertían en tres continentes. Daban la impresión de tenerlo todo (riqueza, respeto y popularidad). Incluso, John abrazó un tipo de fe, si se le puede llamar así. Había asistido a una excelente escuela cristiana (aunque parezca extraño, era la misma a la cual yo había asistido, aunque nos separaban cuatro años y no nos conocíamos el uno al otro). Había aceptado a Cristo como su Salvador a la edad de 15 años, y nunca puso en duda, desde ese momento y de ahí en adelante, que iría al cielo cuando muriera.

Pero su religión era poco más que un seguro de vida. Él decía: "Nadie que conozca mi estilo de vida podría haberme tildado de ser cristiano." Su fe se había convertido solo en un asunto de apariencias, algo que decía de labios para afuera por respeto a sus padres y a sus abuelos. Solo cuando su padre cayó enfermó, en 1982, la verdad lo alcanzó. John llevó a Ines de regreso a la casa de la familia en Via Balleria, en Palm Beach. Un hastío intolerable se adueñó de él. Los valores artificiales de la alta sociedad habían opacado el brillo de la así llamada buena vida. Todos sus logros lo habían dejado insatisfecho pero echado a perder.

Por las maneras como la sociedad mide el éxito, él había barrido con los premios bastante bien, como empresario, persona de la alta sociedad y filántropo. No obstante, de acuerdo con los criterios más personales y fundamentales en cuanto al gozo y la serenidad, se veía a sí mismo como un fracaso atroz. Fue así que una noche, al irse su padre a dormir, John e Ines decidieron no salir a divertirse sino pasar una noche tranquila viendo televisión juntos.

El vaquero

Nada en la televisión llamó la atención de John, e iba a apagarla cuando de pronto Ines le dijo: "Vuelve al canal donde está ese vaquero." John volvió atrás al canal. El vaquero estaba cantando. Su canción no era acerca de venados o antílopes, o de estar en el rancho, sino acerca de Jesús. Esto captó la atención de los Bolten. ¿Un vaquero cantando sobre Jesús? Después de haber cantado la canción, el vaquero LaVerne Tripp contó su testimonio. Había crecido en un hogar pobre, en Virginia Occidental, pero el canto le había traído fama y fortuna. Personas influyentes del mundo del espectáculo lo habían descubierto cuando tenía 22 años, y su carrera despegó como un cohete. A los 28 años, era dueño de una casa en California, de un Mercedes Benz, de un Jaguar y de un BMW. Desafortunadamente, se dio mucho a la bebida, se drogaba, y había destruido su matrimonio por una serie de amoríos casuales.

Un joven músico cristiano de su banda le pedía a Tripp que asistiera a una reunión cada vez que algún evangelista venía a la ciudad. Esto molestaba a Tripp pero, finalmente, para acallar al joven músico, aceptó ir. Para su sorpresa, sintió un deseo irresistible por regresar la siguiente noche a escuchar al evangelista. La tercera noche Tripp se tragó su orgullo y pasó al frente cuando el evangelista hizo la invitación para aceptar a Cristo como Señor y Salvador. De cualquier manera, aun a pesar suyo, no podía controlar su vida. Una vez se emborrachó en una fiesta e hizo el ridículo. Destrozado y convencido de que era demasiado malo para ser un cristiano, llegó tambaleándose a su casa, sacó la pistola de la gaveta e intentó suicidarse. En ese preciso instante sonó el teléfono. Era su amigo cristiano, quien se encontraba dando una caminata y justo pasó por una cabina telefónica, cuando de pronto sintió la sensación de telefonear a Tripp. "¿Estás bien?", le preguntó.

Pudo percibir en la voz de Tripp, que estaba muy lejos de estar bien.

El joven entró rápidamente en su auto y condujo directamente hasta la casa de Tripp. Encontró al líder de la banda desplomado sobre una mesa, con la pistola aún en sus manos. Tripp desahogó sus frustraciones. El joven lo escuchó, y después le dijo: "Has estado tratando de vivir la vida cristiana con tus propias fuerzas. No puedes hacerlo. Debes rendirte. Jesús debe ser el Señor de todo lo que haces. Solo Él puede cambiar tu vida."

Cuando John Bolten escuchó el testimonio de Tripp cayó de rodillas y se puso a sollozar.

Durante sus tiernos años de infancia, sus padres lo habían obligado a asistir a una severa y rígida asamblea de los Hermanos de Plymouth.

Él y su hermana Gisela se sentaban en la parte de atrás del auditorio, sintiéndose excluidos y aburridos. Posteriormente, contento por dejar atrás las corbatas y las medias negras, asistió a la iglesia congregacional de Boston's Park Street. Sin embargo, nunca antes de esta noche, estando en la casa de su padre en Palm Beach, había sentido un toque tan poderoso del Espíritu Santo. Gradualmente se dio cuenta de que Ines también estaba sollozando. Ambos entregaron sus vidas al señorío de Jesucristo esa noche y una nueva dimensión de poder y victoria cambió sus vidas de forma permanente.

El joven músico invirtió su influencia en la vida de Tripp. Tripp usó su reputación para testificar y, sin saberlo, extendió su influencia hacia los Bolten. Ese es el poder transformador de la inversión de la influencia, algo que cambia al mundo.

¿Qué clase de huella está usted dejando?

Hombre o mujer, rico o pobre, letrado o iletrado, famoso o desconocido... todos ejercemos influencia sobre otros, sea que lo sepamos o no. No podemos evitar eso, y si somos sabios, invertiremos esa influencia tal como invertiríamos dinero en acciones, bonos, bienes raíces, y explotaremos al máximo su potencial para hacer el bien. Es decir, nos aseguraríamos de que nuestra influencia fuera de bendición y beneficie a otros; y que, de forma permanente, fortaleciera nuestro trabajo de honrar a Dios. Desde que John e Ines Bolten se convirtieron, han ejercido influencia en personas de más de 180 países. Además, esa influencia ha ido creciendo no solo en progresión aritmética sino también exponencialmente. Ellos han sido instrumentos para llevar a la fe en Cristo a multitud de personas de todo nivel intelectual, cultural y escala social.

El enfoque debe centrarse en la influencia positiva, no en una influencia insípida y, ciertamente, tampoco negativa. Ningún tipo de éxito puede alcanzarse, jamás, en el aislamiento. El éxito siempre involucra a otras personas. Es verdad, la historia del éxito de los Bolten nunca ocupó la primera página del periódico *New York Times* o las noticias de la noche en la televisión. Aun así, funciona tan poderosamente sin comunicados de prensa o de celebridad, como con estos transitorios estallidos de estrellato.

El creyente más valiente del Nuevo Testamento

Considero a John Bolten Jr. como un Bernabé del siglo XXI.

> Cuando Saulo llegó a Jerusalén, trataba de juntarse con los discípulos; pero todos le tenían miedo, no creyendo que fuese discípulo. Entonces Bernabé, tomándole, lo trajo a los apóstoles, y les contó cómo Saulo había visto en el camino al Señor, el cual le había hablado, y

> cómo en Damasco había hablado valerosamente en el nombre de Jesús (Hechos 9:26-27).

Más tarde, después que los discípulos habían sido dispersados de Jerusalén, Bernabé continuó invirtiendo en la vida del apóstol Pablo.

> Después fue Bernabé a Tarso para buscar a Saulo; y hallándole, le trajo a Antioquía. Y se congregaron allí todo un año con la iglesia, y enseñaron a mucha gente; y a los discípulos se les llamó cristianos por primera vez en Antioquía (Hechos 11:25-26).

Observe la sutil importancia del primer versículo. Bernabé es un modelo ejemplar de influencia. Cuando Saulo de Tarso, el archiperseguidor de la iglesia, fue derribado y convertido, vino a Jerusalén para unirse a los discípulos, pero nadie confiaba en él. Nadie más creía que él fuera sincero. Pero Bernabé puso en juego su reputación. Con su enorme influencia intercedió por el nuevo convertido.

Bernabé, tal vez el hombre más generoso del Nuevo Testamento, llevó a Pablo ante los apóstoles y logró que lo escucharan. Se convirtió en la influencia o el canal a través del cual, finalmente, los apóstoles pudieron oír la voz de Dios hablando. Imagine las consecuencias si Bernabé no hubiera estado dispuesto a invertir su influencia en favor de Saulo (cuyo nombre fue cambiado por el de Pablo). Por una parte, no contaríamos con trece o catorce libros del Nuevo Testamento (cerca de la mitad del total de los libros del Nuevo Testamento), porque Pablo nunca podría haberlos escrito. Sin esas epístolas, cuán disminuida se habría visto la influencia del cristianismo en los siglos posteriores. Edward Gibbon, el cronista clásico del Imperio Romano, no habría identificado a Pablo como una de las mayores razones para la caída del imperio.

Por medio de Berbabé, Dios hizo posible toda la historia cristiana tal como la conocemos.

Una simple presentación, una simple palabra, o un simple consejo bien escogido pueden influir en el mundo entero para bien. Ese mismo don, que todos poseemos, ha sido refinado en John Bolten Jr. hasta alcanzar una rara pureza. Como pocas personas que yo haya conocido, Bolten posee una pasión dominante por usar su influencia, sus recursos, su energía, su estudio de la Biblia y su tiempo de oración para hacer avanzar la obra de Dios por todo el mundo.

¡Eso sí es que es influencia!

La mujer que cambió al mundo

Puede ser que usted sepa muy poco sobre una mujer llamada Susanna. Ella dio a luz diecinueve hijos, de los cuales nueve murieron antes de alcanzar la mayoría de edad. Nació hace 342 años y vivió 73 años. La época en que ella vivió le negó el beneficio de artefactos que le hicieran más fácil el trabajo doméstico. No tenía una refrigeradora, ni siquiera un congelador. Tenía que ir de compras varias veces en la semana porque la comida no tenía conservadores. Ella misma hacía la ropa de sus hijos. No tenía plancha eléctrica, lavadora eléctrica de platos, lavadora de ropa, ni secadora.

Sin embargo, enseñó a todos sus hijos latín y griego. Cada uno de ellos, fue competente en ambos idiomas para cuando tenían diez años. Uno de sus hijos, John, ya enseñaba griego en la universidad de Oxford a los 21 años. No existían las escuelas públicas, por lo que Susanna personalmente educaba a sus hijos. Les enseñó a ser corteses al hablar, a levantar la voz suavemente cuando no hiciera falta de alguna manera gritar, y a someter sus voluntades a ciertos absolutos tales como la oración en familia, la observancia del día de reposo y el estudio riguroso.

Sintió una terrible agonía cuando su muy inteligente y hermosa hija quedó embarazada fuera del matrimonio. Sin embargo, Susanna la apoyó aun cuando su austero esposo, Samuel, nunca dejó de decirle crueles reproches.

Susanna vivió antes que se promulgaran los derechos de la mujer, y de que pudieran votar. Creció en el hogar de un pastor anglicano y se casó con un ministro, el cual pasó mucho tiempo encarcelado a causa de sus deudas, porque simplemente no sabía manejar el dinero. Por consiguiente, ella no solo se encargó de esta numerosa familia sino que también asumió tareas pastorales de la iglesia local anglicana. Se negó a transigir en sus ideales. Como resultado, los hijos de Susanna Wesley se convirtieron en triunfadores excepcionales. Tal vez usted haya escuchado sobre uno de sus hijos, Charles Wesley, el gran escritor de himnos y con seguridad sabe de John Wesley, el gran predicador y reformador.

¿Tuvo influencia Susanna Wesley en el mundo? Por medio de su hijo John, ella contribuyó a estas tremendas conquistas:

- La abolición del comercio de esclavos.
- El lanzamiento de la revolución industrial.
- La fundación de la YMCA (Asociación Cristiana de Jóvenes Varones) y la YWCA (Asociación Cristiana de Mujeres Jóvenes).
- El nacimiento del movimiento por los hospitales gratuitos.
- La multiplicación de las bibliotecas públicas.
- La creación del Ejército de Salvación.
- La apertura de los hogares Barnardo (prototipo del actual movimiento en favor de los orfanatos).
- La fundación del metodismo y el inicio de grandes instituciones educativas como las universidades wesleyanas, la

> Universidad de Asbury, la Universidad Emory, la Universidad Metodista Sureña, y muchas otras instituciones educativas a ambos lados del Atlántico.

Si usted cree que estos acontecimientos cambiaron al mundo, entonces también debe reconocer que Susanna Wesley debe ser recordada como una de las madres más influyentes de la historia. Debería estar ubicada como una de las personas más exitosas de todos los tiempos. Ella obedeció la Gran Comisión convirtiéndola en su prioridad. Fue un genio en cuanto a la administración del tiempo. Tenía que conseguir la comida y hacer el pan, sopas y otros platos, modestos pero nutritivos. No tuvo un automóvil, ni siquiera un caballo y una carreta. Adondequiera que iba, tenía que hacerlo a pie. Cada semana, separaba una hora para orar por cada uno de sus hijos.

Momento para decidir

Susanna Wesley no necesitó los aplausos de su generación para sentirse exitosa. Tenía puesta su mirada en el futuro. Era muy poco lo que tenía en forma de ventajas materiales. Todo lo que daba a sus hijos se los daba por la fortaleza de su carácter y su personalidad. Aun así, ¡qué gran legado nos dejó! Piense en la cantidad de personas que logran éxitos convencionales (dinero, posición, respeto, fama)y luego malgastan la preciosa oportunidad de causar influencia en el mundo para bien y para Dios.

El mundo dice: *"Triunfa y disfruta. Celebra tus logros, has trabajado arduamente y te mereces las recompensas."*

La Biblia enseña: *"Triunfa y construye. Disfrutar de tus logros está bien, pero no te detengas al llegar a la primera base."*

Al mundo o a la Biblia. ¿A cuál vas a escuchar?

Capítulo 7

El mundo dice: "Simplemente, hazlo"

~

La Biblia enseña: "Antes que todo, ora"

Después de dirigirme al profesorado y a los estudiantes de una importante universidad china, me preguntaron quién consideraba yo que había sido el más grande líder de todos los tiempos. Sin dudar, les dije: "Jesús". Sorprendentemente, todos estuvieron de acuerdo, y quisieron que les hablara más acerca de Jesús. ¿Por qué se encontraba Él tan al frente de todos los demás?

No puedo reproducir aquí todo lo que dije, pero en la lista se destaca el hecho de que Jesús tomaba en serio la oración. Comience cada día como lo hacía Jesús, y usted encontrará una base poderosa para el éxito en su vida. "Levantándose muy de mañana, siendo aún muy oscuro, salió y se fue a un lugar desierto, y allí oraba" (Marcos 1:35). Lo vemos orando cuando gozaba de popularidad, así como cuando era impopular. Estaba orando al momento que fue bautizado y cuando se transfiguró. Después de su día más ajetreado de trabajo, se retiraba a un lugar solitario y pasaba la noche entera orando. Otras veces, se levantaba mucho antes de que amaneciera y se iba a los montes para orar.

Oraba de noche, después de haber estado enseñando todo el día en el templo; y también por la mañana, antes de comenzar su ocupado trabajo del día. Oró antes de alimentar a los cinco mil y, nuevamente, cuando fue recogida la comida sobrante.

Oraba cuando tomaba a los niños en sus brazos para bendecirlos, y oró cuando uno de sus predicadores vino ante él y le dijo "Todos te buscan" (Marcos 1:37).

Oró en el Aposento Alto con sus compungidos discípulos. Oró en Getsemaní estando a la mismísima sombra de la cruz. También oró en el Calvario antes de dejar caer su cabeza sobre su pecho sin vida y clamando "Consumado es."

Con razón, sus discípulos le dijeron: "Señor, enséñanos a orar." La oración es el momento cuando nuestra mano se agarra a la mano del Omnipotente. No espere usted ningún éxito personal sin la oración que prevalece.

La recompensa es incalculable

Cuando era estudiante, leí que John Wesley se levantaba todas las mañanas a las 4 de la mañana y pasaba dos horas en oración. Así que tomé la decisión de hacer lo mismo. Cada mañana la alarma me despertaba a las 4 de la mañana.

Me ponía de rodillas al lado de mi cama… y rápidamente me quedaba dormido. El sentimiento de culpa que sentía anulaba cualquier beneficio producto de mis buenas intenciones. Mi frustración no conocía límites. Entonces fue cuando supe el secreto de Wesley. Él se iba a la cama a las 8 de la noche cada día. De modo que decidí irme a dormir más temprano y a concederme ocho horas de sueño reparador. Entonces, ya podía levantarme antes de romper el alba y pasar tiempo orando, estudiando la Biblia y meditando. Salomón escribió en Eclesiastés 1:16: "Hablé yo en mi corazón, diciendo: He aquí yo me he engrandecido, y he crecido en sabiduría sobre todos los que fueron antes de mí en Jerusalén; y mi corazón ha percibido mucha sabiduría y ciencia." En otras palabras, él pasaba tiempo a solas con Dios. El salmista escribió: "Se enardeció mi corazón dentro de mí; en mi meditación se encendió fuego, y así proferí con mi lengua" (Salmo 39:3). Probablemente, él no estaba "reflexionando", pensando o meditando en medio de una gran multitud en una ruidosa intersección de vías de la ciudad.

Un lugar quieto, solitario, le permitirá a usted concentrarse en su tiempo devocional. Yo llamo a esto un lugar en el cual uno puede oírse a sí mismo mientras piensa.

El Dr. William Lyon Phelps escribió: "Yo creo plenamente en una educación universitaria, tanto para hombres como para mujeres. Pero creo que el conocimiento de la Biblia sin una educación universitaria es más valioso, que una educación universitaria sin la Biblia."[1] Phelps pasó muchos años como profesor en la Universidad Yale. Enseñó el primer curso universitario estadounidense sobre novela moderna. Era un orador brillante que atraía grandes multitudes. Tuvo un programa de radio en los primeros tiempos de la radiodifusión, escribía una columna que se publicaba en un periódico, daba conferencias con frecuencia, y publicó numerosos libros y artículos de gran popularidad. Difícilmente se podría acusar a Phelps de ser un desequilibrado o un fanático religioso. También escribió lo siguiente:

> "Si desarrollas el sentido absoluto de la certidumbre que confiere una fe poderosa, entonces podrás lograr por ti mismo prácticamente cualquier cosa, incluyendo aquellas que otras personas están convencidas de que son imposibles."

¿No suena esto como el camino hacia el éxito? Phelps hizo también esta observación:

> "Las personas más felices son aquellas que tienen los pensamiento más interesantes. Quienes deciden usar la recreación como un medio de desarrollo mental, que aman la buena música, los buenos libros, las buenas pinturas, las buenas obras de teatro, la buena compañía, la buena conversación, ¿qué son ellos? Son las personas más felices del mundo. Y no solamente son felices ellos mismos, son la causa de la felicidad de otros."

Marque la pauta para su día

En una oportunidad, un psiquiatra de Atlanta le comentó a mi hermano Tom que cualquier cosa que pensemos en los primeros dos minutos después de despertarnos, determinará nuestro estado emocional para el resto del día. Eso impresionó tanto a Tom que desde ese entonces ha pasado los primeros minutos de cada día poniendo por escrito cuatro cosas por las cuales está agradecido. Es casi imposible ser agradecido y, simultáneamente, angustiarse; ser agradecido y odiar; ser agradecido y criticar... ser agradecido y albergar pensamientos negativos o hacer cualquier comentario negativo.

Cuando yo era adolescente, mi padre predicó un sermón titulado "El peor pecado". El texto que usó fue este: "Pues habiendo conocido a Dios, no le glorificaron como a Dios, ni le dieron gracias, sino que se envanecieron en sus razonamientos, y su necio corazón fue entenebrecido" (Romanos 1:21). Él argumentó que el peor pecado no es la incredulidad, el suicidio o la crítica... sino la ingratitud. La ingratitud está por debajo de todo lo demás. Añada a su preparación emocional una elección práctica en cuanto al lugar y tiempo para orar. Es posible que usted no tenga un lugar fuera de su casa donde pueda ir, pero con seguridad puede encontrar en su casa un lugar de privacidad. De seguro, también puede levantarse antes que rompa el alba. Esto le proporcionará un tiempo ininterrumpido antes de que todo esté agitado en la casa y que el tráfico de la calle le distraiga.

Wesley lo había comprendido bien. Usted crea su tiempo en la mañana simplemente yendo a dormir a una hora aceptable y tener, al menos, ocho horas de sueño ininterrumpido. El psicólogo David Seabury afirmó que se necesita descanso para el cuerpo, pero sueño para la mente. Opinaba que a mayor libertad de tensiones psíquicas, menor cantidad de sueño se necesita. Sin embargo, sí se necesita descanso para el cuerpo. Antes de irse a dormir, destine un tiempo para planear a detalle sus actividades para el día siguiente. Incluya reuniones, visitas personales, actividades recreativas, todo. Ponga una cantidad de tiempo al lado de cada punto para indicar con precisión, qué porción del día le estará asignando a cada cosa. Uno de los líderes más productivos que jamás he conocido, Paul J. Meyer, seguía exactamente este procedimiento.

El visitante de medianoche

Corría el año de 1958 y estaba a punto de irme a dormir estando en la habitación de un hotel del estado de Tennessee, cuando un estruendoso toque a mi puerta me perturbó. Era mi director de música, quien ignoró mi orden de que se marchara. No dejaba de tocar la puerta aunque yo le gritaba que se esfumara. Finalmente, gritó a través de la puerta: "Haggai, ¿no te gustaría saber de un amigo mío que puede volver a su habitación a las 2 de la madrugada, después de haber trabajado dieciocho horas, y no se va a dormir hasta haber planificado en detalle lo que hará al día siguiente?"

Le dije: "Tienes mi atención. Espera un momento, te dejaré entrar."

Me habló de Paul J. Meyer.

En ese tiempo, Paul tenía 30 años. Había nacido en una carpa en el Valle de Santa Clara, en California. Empezó a trabajar a los ocho años de edad. Antes de cumplir 25 años, había creado la compañía de seguros más grande de Norteamérica, reclutando a 820 agentes en doce meses; en una época en el que una agencia promedio contaba con solamente entre cinco y veinte agentes. Para 1955, a la edad de 27 años, Paul se había convertido en millonario (algo que hoy se lee como 8 140 000 de dólares). Era el hombre más joven que alguna vez haya obtenido un asiento en la Mesa Redonda del Millón de Dólares en la industria de los seguros. Había planificado su agenda con tres años de anticipación, y sus donaciones con cinco años.

Después de reclutar a 862 vendedores de seguros, un lunes por la mañana entró en las oficinas y las encontró vacías, con solamente las alfombra del piso. Los directores se habían fugado con el dinero hacia otro estado. Paul había gastado toda su fortuna encontrando una posición sólida en otra compañía para cada uno de los vendedores que había reclutado. Cuando bajaba por los escalones del tribunal con el senador Claude Pepper, este le preguntó cómo se sentía.

"Estoy arruinado", respondió.

Pepper contestó: "Paul, tú podías haber salido de todo este desastre y conservado tu fortuna personal intacta. Puede ser que no te quede dinero, pero tienes algo de mucho más valor. Tienes integridad. Eres el joven más rico que conozco de todo el mundo." Paul no estaba arruinado, solamente no tenía dinero. Nunca fue pobre. La pobreza es un estado de la mente.

Puedo aseverar que Paul no podría haber manejado bien las presiones a las cuales estuvo sometido si no hubiera sido por la forma en que empezaba cada día, con oración. El primer paso es planificar el día siguiente antes de irse a dormir en la noche. Visualice esos planes como si estuvieran llevándolos a cabo de una manera exitosa y gozosa. Dormirá mejor y se levantará con una actitud positiva, en vez de una negativa. La fortaleza y la dirección que Paul recibía en su tiempo devocional y los consejos de su pastor, el Dr. William M. "Bill" Hinson, lo llevaron a conversar con Jarrell McCracken, fundador de una incipiente compañía llamada Word Records. Esa compañía había producido solo dos discos. Uno era el de la historia de la Navidad. Paul vendió todos los discos que tenía la compañía en existencia; los vendió, principalmente, a los judíos del área de Miami Beach. Les recordaba que muchos de sus amigos cristianos se estarían reuniendo con ellos en las vacaciones y que debían tener alguna conexión, o puente, que les permitiera enriquecer las visitas que hicieran a sus amigos cristianos.

Eso fue algo brillante.

Después, y nuevamente como resultado de la guía del Señor durante su tiempo devocional, Paul llegó a un acuerdo con McCracken en el cual él organizaría totalmente la red de mercadeo y ventas de Word Records. McCracken costearía todos sus gastos, pero Paul trabajaría estrictamente en base a comisiones. El primer año, Word tuvo una ganancia neta mucho mayor de lo que habían imaginado: 240 000 dólares. Las comisiones de Paul ascendieron a ¡262 000 dólares! Con el tiempo, Word se convirtió en uno de los principales sellos discográficos de los Estados Unidos. El Dr. Hinson dijo a Paul: "Se te ve muy feliz cuando estás mostrándole a la gente cómo pueden llegar a los límites máximos de su potencial. ¿Por qué no te involucras en algo en lo que aproveches las ventajas de lo que te apasiona, y para lo cual cuentas con habilidades?" El resultado fue la creación de *Success Motivation International* (Motivación al Éxito, Internacional).

Para el momento en que Paul falleció, en 2009, había vendido más de 2500 millones de dólares en materiales. Estos habían sido traducidos a 24 idiomas en más de 60 países. Uno solo de los programas, *La dinámica de la motivación personal*, acumuló más de 700 millones de dólares en ventas. Los cursos de desarrollo personal que él escribió, si estuvieran en forma de libros, sumarían más de 100 volúmenes diferentes. Además de los programas de capacitación, también escribió más de veintiún libros, y todos ellos los escribió entre los 70 y 81 años de edad.

El secreto de Paul J. Meyer

Aunque muy probablemente Paul era el mejor fijador de metas que alguna vez yo haya conocido, no creo que ese haya sido su secreto para el éxito. Fue su dedicación a la oración. Tengo una copia de su diario de oración. Es un cuaderno de ocho por cinco pulgadas, con tres anillos, empastado en cuero, con sus motivos de oración separados por categorías. Es claro que él tomaba con mucha seriedad su tiempo devocional de las mañanas durante largo tiempo. Consideraba el tiempo que pasaba cada mañana en oración con el Señor como la fuente de su motivación y sus logros. Comenzaba cada día con oración y estudio de la Biblia. Cuando vio que yo estaba interesado en esa prioridad, diseñó para mí una carpeta de cuero de siete anillos, de ocho por diez pulgadas —¡una copia de su propio cuaderno de devocionales! Todo lo que escribía lo acompañaba con pasajes pertinentes de la Escritura. Lo llamaba su Diario Personal de Oración. Estas son algunas de las ideas incluidas en el mismo:

- Establecer las metas para el día.
- Encontrar un lugar tranquilo que conduzca a la oración
- Compartir metas de oración con miembros de la familia o un socio de oración.
- Evitar las distracciones e interrupciones.
- Actualizar el diario de oración en cada sesión de oración.
- Oración de poder —con nueve pasajes bíblicos de apoyo.

- Oración personal por el crecimiento.
- Oraciones de alabanza.
- Una lista de personas por las cuales orar (familia, amigos, conocidos sociales).
- Una lista de ministerios por los cuales orar (iglesia, obras benéficas, pastor, liderazgo de la iglesia).
- Situaciones especiales, actuales y en desarrollo.
- Problemas de salud específicos entre familiares y amigos.
- Una filosofía para la vida (incluyendo actitud positiva, ausencia de preocupación, logro de paz y contentamiento, mayordomía).

Cada día, Paul escribía sus metas del día en un juego de tarjetas de tres por cinco pulgadas, las cuales guardaba en su calendario de bolsillo. En una carpeta especial archivaba sus metas para la vida, sus metas a largo plazo, y sus metas a corto plazo.

¿Cómo amasó Paul su enorme fortuna? ¿Cómo se puede explicar su influencia positiva en más de 190 naciones? Porque Dios lo invistió de poder y le concedió su favor. Paul personificó la veracidad de Mateo 6:33: "Mas buscad primeramente el reino de Dios y su justicia, y todas estas cosas os serán añadidas."

Oración organizada

"Orar no es superar la aversión de Dios, sino echar mano de Su buena voluntad".[2] Lord Alfred Tennyson escribió estas poderosas palabras: "Más cosas se hacen con la oración, que con las que pueda soñar este mundo." Personalmente, mantengo largas listas de motivos de oración. Estos motivos incluyen personas, eventos, asuntos personales, acciones financieras, administración del tiempo... llevo ante el Señor cualquier cosa y todo lo que tenga que ver conmigo. El apóstol Pablo dice a los filipenses que conviertan cada preocupación en una oración.

> "Por nada estén afanosos; antes bien, en todo, mediante oración y súplica con acción de gracias, sean dadas a conocer sus peticiones delante de Dios" (Filipenses 4:6, NBLH).

Observe que Pablo dice "en todo". Si algo es suficientemente importante como para que usted se preocupe, también lo es para que ore por eso. Además, acostumbro poner una fecha en el lado izquierdo por lo que estoy orando. Cuando llega la respuesta, pongo la fecha de la respuesta en el lado derecho. Por supuesto, ciertas cosas no tienen un límite de tiempo. Soy impaciente por naturaleza. Oro por tener paciencia y, probablemente, lo continuaré haciendo mientas viva.

George Müller, el gran hombre de fe que construyó orfanatos sin tener ningún dinero, oró por la salvación de un amigo durante 52 años. Este amigo al final llegó a los pies de Cristo. Lleve sus preocupaciones al Señor. Él puede manejarlas. Su prójimo no puede hacerlo, pues las demás personas también tiene sus propias preocupaciones, las cuales deben atender. Que su aspecto tranquilo sea conocido por los hombres, y sus oraciones conocidas por Dios. El tiempo que usted dedique a la oración se le multiplicará con creces en productividad positiva.

La Biblia no es simplemente un libro

En 1972, el difunto Paul Harvey, uno de los más importantes locutores de noticias de radio y televisión, me escribió una carta para decirme que había iniciado el hábito de leer un capítulo de la Biblia cada mañana. Me dijo que estaba asombrado de ver cómo esa acción revitalizaba el día por completo. Le permitía mejorar sus pensamientos y sus acciones hasta la hora de acostarse. Paul Harvey ya estaba en su oficina en el centro de Chicago cada mañana antes de las 5, en el centro de Chicago. Se levantaba a las 4 de la mañana, pero se detenía lo suficiente para empezar el día con un tiempo devocional. Gracias a ese tiempo su día se veía potenciado. A usted puede sucederle lo mismo.

Tengo un amigo que lee cinco Salmos y un capítulo de Proverbios todas las mañanas. Eso lo lleva a recorrer una vez al mes todos los Salmos, los cuales tienen que ver con nuestra relación con Dios, así como los Proverbios, que hablan acerca de nuestra relación con los demás. Él atribuye su éxito a la sabiduría y a la motivación que ha obtenido de su lectura de la Biblia. Leer la Biblia diariamente y de forma sistemática le ayudará de diversas maneras:

- Mejorará sus capacidades comunicativas.
- Mejorará su actitud y le dará sabiduría para resolver dificultades que parecen resistirse a ser resueltas.
- Aumentará su vocabulario.
- Le dará ideas para su vida diaria y en cada aspecto de su profesión.
- Le dará fortaleza para vencer la tentación que podría destruir su reputación y su profesión.

En un reciente sermón, el Dr. David Allen, de Fort Worth, Texas, se refirió a Romanos 6 como "el obituario del cristiano". Contó el caso de un ejecutivo que vino a él llorando y le dijo: "Acaban de despedirme por ver pornografía en internet. ¿Cómo podré acaso decirle a mi esposa la razón de mi despido?" ¡Qué lamentable! Pero ¿qué habría sucedido si él hubiera pasado ese tiempo leyendo la Biblia en lugar de estar viendo pornografía en la red?

No hay tiempo para tener un tiempo devocional

Es posible que usted me diga que no tiene tiempo para el devocional al comienzo del día. Mi respuesta es: "Usted no tiene tiempo para *no* tenerlo." Usted ahorrará tal cantidad de tiempo al comenzar el día con la actitud mental adecuada (la cual incluye confianza, optimismo y fe), que logrará mucho más que si empieza a dar carreras apenas se levante de la cama.

Me he beneficiado al no ver el noticiario antes de irme a dormir. Generalmente, lo que compone a las noticias es charlatanería negativa. Las historias positivas rara vez se convierten en noticias. En vez de eso, he hallado altamente beneficioso dedicar entre quince y veinte minutos para la lectura ligera, o escuchar algún tipo de música inspiradora, u otro material grabado que sea útil. Luego, después de haber planificado lo del día siguiente, apago las luces. A medida que me voy quedando dormido, puedo visualizar una secuencia de éxitos, comenzando en el momento en que abro mis ojos en la mañana.

Momento para decidir

Marco Aurelio dijo: "La vida de un hombre depende de sus pensamientos". Pero la Biblia tiene un mensaje aún mejor: "Porque cual es su pensamiento en su corazón, tal es él" (Proverbios 23:7). Desde el momento en que usted se despierte es fundamental que descarte pensamientos, ideas y preocupaciones que arruinarían su día. Si permite que ellos tomen el control se encontrará cansado antes de entrar en acción. Pronto estará corriendo de aquí para allá, mientras pasa sus horas de la mañana sin que tenga conciencia de que su actividad está destruyendo su productividad.

El mundo dice: "*Simplemente hazlo. Después de todo, la vida está tan llena de tantas cosas que realmente no puedes permitirte tener tiempo para actividades sin sentido como leer la Biblia y orar*".

La Biblia es mucho más realista. Póngase en sintonía con Dios al comienzo del día y a lo largo del mismo, y todo lo demás tenderá a caer en el debido sitio. Aparte de cualquier otra cosa, la disciplina que ejerza dando prioridad a su tiempo devocional producirá beneficios en otras áreas. Por eso la Biblia enseña: *"Antes de cualquier cosa, ora."*

Al mundo o a la Biblia. ¿A cuál vas a escuchar?

Capítulo 8

El mundo dice: "Lee siempre las letras chiquitas"

La Biblia dice: "No lo compliques"

Hace algunos años, un camión de dieciocho ruedas quedó atrapado debajo de un cruce elevado. No podía moverse ni hacia adelante ni hacia atrás. Llamaron a los ingenieros al lugar y trataron de dar con una solución lo más pronto posible. Sin embargo, varias horas después de frustrantes esfuerzos no consiguieron nada. Nada. Entonces, Nada Zilch, una niña de diez años en ese entonces, llegó al sitio y preguntó inocentemente: "¿Por qué no sacan algo de aire a las ruedas?" Lo hicieron, y la altura del camión se redujo hasta que se pudo mover hacia adelante, eso permitió que fluyera la cola de vehículos que se había formado por varios kilómetros.

¿Demasiada información?

En 2007 los investigadores calcularon la capacidad de almacenamiento digital del mundo en 295 exabytes. Eso significa 295 seguido de veinte ceros, y ese número va en aumento cada día.[1] La mayor parte de la información es, probablemente, inútil. Sin embargo, hasta el mínimo porcentaje que es real, confiable, útil para aprender, tal como el contenido de una enciclopedia, es mucho más de lo que cualquier persona podría asimilar y utilizar. Usted puede sentirse tentado a ampliar su red y tratar de manejar mayor información y más compleja, pero la mayoría de cosas útiles y valiosas con frecuencia terminan siendo espléndidamente simples.

Tome nota que $E=mc^2$ requiere muy poco de la memoria digital del mundo y, aunque los detalles de la teoría de la relatividad están más allá de nuestra comprensión, todos podemos entender el problema que impulsó a Einstein a pensar acerca de ella. Einstein razonó que, si dos objetos están viajando en direcciones opuestas a 80 km por hora, entonces se están distanciando a 160 km por hora en relación a cada uno. Pero, si dos objetos viajan en direcciones opuestas a la velocidad de la luz, su velocidad combinada no puede ser el doble de la velocidad de la luz, ya que nada puede viajar a mayor velocidad que la luz. La sencillez tiene muchas ventajas en los negocios. Por ejemplo, el motor a reacción es mucho más eficiente y potente (y con frecuencia, más silencioso) que el motor de pistón. Su estructura es también más sencilla.

La verdad es sencilla

En la Edad Media, los teólogos pasaron muchas horas debatiendo con la Biblia cuántos ángeles podían mantenerse en equilibrio sobre la punta de una aguja. Su obsesión con la complejidad les impedía ver las cosas de mayor importancia. La verdad divina no requiere que una persona tenga un doctorado. En relación con la salvación eterna, la Biblia dice: "Porque todo aquel que invocare el nombre del Señor, será salvo" (Romanos 10:13). Gran cantidad de lemas publicitarios requieren más tiempo para ser interpretados.

Lea los Diez Mandamientos en Éxodo 20:3-17. ¿Es alguno de ellos difícil de entender?

> No tendrás dioses ajenos delante de mí.
>
> No te harás imagen, ni ninguna semejanza de lo que esté arriba en el cielo, ni abajo en la tierra, ni en las aguas debajo de la tierra. No te inclinarás a ellas, ni las honrarás; porque yo soy Jehová tu Dios, fuerte, celoso, que visito la maldad de los padres sobre los hijos hasta la tercera y cuarta generación de los que me aborrecen, y hago misericordia a millares, a los que me aman y guardan mis mandamientos.
>
> No tomarás el nombre de Jehová tu Dios en vano; porque no dará por inocente Jehová al que tomare su nombre en vano.
>
> Acuérdate del día de reposo para santificarlo. Seis días trabajarás, y harás toda tu obra; mas el séptimo día es reposo para Jehová tu Dios; no hagas en él obra alguna, tú, ni tu hijo, ni tu hija, ni tu siervo, ni tu criada, ni tu bestia, ni tu extranjero que está dentro de tus puertas. Porque en seis días hizo Jehová los cielos y la tierra, el mar, y todas las cosas que en ellos hay, y reposó en el séptimo día; por tanto, Jehová bendijo el día de reposo y lo santificó.
>
> Honra a tu padre y a tu madre, para que tus días se alarguen en la tierra que Jehová tu Dios te da.
>
> No matarás.
>
> No cometerás adulterio.
>
> No hurtarás.

> No hablarás contra tu prójimo falso testimonio.
>
> No codiciarás la casa de tu prójimo, no codiciarás la mujer de tu prójimo, ni su siervo, ni su criada, ni su buey, ni su asno, ni cosa alguna de tu prójimo.

Lea las Bienaventuranzas de Jesús en Mateo 5:3-12.

> Bienaventurados los pobres en espíritu, porque de ellos es el reino de los cielos.
>
> Bienaventurados los que lloran, porque ellos recibirán consolación.
>
> Bienaventurados los mansos, porque ellos recibirán la tierra por heredad.
>
> Bienaventurados los que tienen hambre y sed de justicia, porque ellos serán saciados.
>
> Bienaventurados los misericordiosos, porque ellos alcanzarán misericordia.
>
> Bienaventurados los de limpio corazón, porque ellos verán a Dios.
>
> Bienaventurados los pacificadores, porque ellos serán llamados hijos de Dios.
>
> Bienaventurados los que padecen persecución por causa de la justicia, porque de ellos es el reino de los cielos.
>
> Bienaventurados sois cuando por mi causa os vituperen y os persigan, y digan toda clase de mal contra vosotros, mintiendo. Gozaos y alegraos, porque vuestro galardón es grande en los cielos; porque así persiguieron a los profetas que fueron antes de vosotros.

¿No son simples y fácilmente comprensibles?

Jesús dijo: "Y conoceréis la verdad, y la verdad os hará libres" (Juan 8:32). No puedo pensar en ninguna verdad que Él haya enunciado que sea difícil de entender.

La educación tiene mucho valor y ofrece muchas recompensas. Sin embargo, no siempre le guía hacia la verdad, o le ayuda a vivir mejor o a tener una vida más exitosa. Bill Gates no completó sus estudios en Harvard. Steve Jobs no terminó sus estudios en Stanford. Paul J. Meyer, mencionado anteriormente y creador de Motivación al Éxito, Internacional, dejó los estudios de la universidad. Uno de los más exitosos magnates de los negocios de los Estados Unidos, Richard M. DeVos, nunca obtuvo una licenciatura. Thomas Edison no tuvo una educación primaria. Henry Ford no tuvo una educación universitaria, ni tampoco Harvey Samuel Firestone. Todos estos hombres fueron ingeniosos, pero ninguno de ellos hizo del ingenio o la complejidad un fin en sí mismo. Su sencillez no significó que obtuvieran logros fáciles. Significó entender qué era lo que había que hacer para conseguir logros.

El jefe que aumentó los salarios por su propio bien

Analice la historia de los grandes industriales y encontrará que quienes tuvieron éxito se apegaron a la sencillez de su visión.

En enero de 1914 Henry Ford sorprendió al mundo al anunciar que Ford Motor Company pagaría a sus trabajadores 5 dólares diarios. El salario diario promedio en la industria automotriz en esa época era de 2.34. Ford también redujo la jornada de trabajo de nueve a ocho horas. Este salario no se aplicó automáticamente a todos los trabajadores, pero era más del doble de la paga promedio de los trabajadores automotrices. Este cambio inició una pequeña revolución en la industria automotriz. En 1913, para ayudar a satisfacer la creciente demanda del Modelo T, Henry

Ford dirigió su atención a mejorar el proceso de fabricación. El negocio que el modelo de Ford desarrolló, (entre otras cosas la producción en gran escala llevada a cabo por trabajadores bien pagados) demostró ser muy influyente. Llegó a ser la norma de fabricación para todo, desde aspiradoras hasta cohetes.

Henry Ford estaba convencido de que pagar bien a sus trabajadores era sensato. Quería reducir la deserción de los trabajadores (el reemplazo de la mano de obra por el trabajo monótono de las líneas de ensamblaje era elevado) y lo hizo, fundamentalmente, cambiando su relación con la fuerza de trabajo. Era una sinergia de astucia para los negocios y buena voluntad. Después del anuncio de Ford, miles de trabajadores potenciales aparecieron en las oficinas de empleos de Ford Motor Company. La gente llegaba en oleadas a Detroit, desde el sur de los Estados Unidos, y hasta de países europeos. Como era de esperarse, la rotación de los empleados disminuyó; y al crear una jornada de ocho horas, Ford pudo hacer funcionar tres turnos en vez de dos, aumentando así la producción.

Ford llegó a la conclusión de que producir vehículos económicos en grandes cantidades y elevar los salarios podría vender más automóviles fabricados por sus empleados. La jornada de ocho horas pagada a 5 dólares diarios ayudó a mejorar la situación de todos los trabajadores estadounidenses y contribuyó al surgimiento de la clase media norteamericana. Al hacer eso, Ford cambió para siempre la forma de producción. Fue una idea sencilla que produjo resultados masivos.

Pocas palabras pero elegidas cuidadosamente

Ted Nicholas, cuyos derechos de propiedad intelectual y publicaciones han producido más de siete millones en ventas, dijo lo siguiente: "Las verdades básicas respecto al mercadeo son las mismas ahora, y lo seguirán siendo de aquí a cincuenta, cien o mil años." Luego dijo que una de las grandes cosas en cuanto al mercadeo es que "todo está cambiando con tanta rapidez, que es maravilloso saber que hay cosas que nunca cambiarán." Según Nicholas "el 73% de las personas toman decisiones en el momento de leer el encabezado."[2] Otros expertos en comunicación están de acuerdo con esto. Ellos concuerdan, además, en que el encabezado no debe tener más de diecisiete palabras.

Como sea que usted lo entienda, eso nos habla de sencillez.

En promedio, ocho de cada diez personas leerán lo escrito en el encabezado, y solo dos leerán el resto. Este es el secreto del poder del encabezado. Nicholas tarda dos semanas en escribir una carta. De catorce días, pasa doce de ellos escribiendo encabezados. Redacta de 200 a 300 tarjetas con un posible encabezado en cada una de ellas, para luego decidir cuál será el mejor. ¿Parece un trabajo arduo? Por supuesto que sí. ¿Lo suficientemente sencillo para entender lo que debe hacerse? Sí.

Uno de los mejores libros sobre comunicación que han pasado por mi escritorio en los últimos veinticinco años es *How to Get Your Point Across in 30 Seconds or Less* (Cómo hacerse entender en treinta segundos o menos) por Milo O. Frank. Treinta segundos equivalen a unas sesenta palabras. En este libro Frank demuestra que si usted no es capaz de hacerse entender en treinta segundos, probablemente no lo podrá hacer de ninguna manera.

La clave es la sencillez.

Los principales redactores publicitarios del mundo concuerdan en que una de las mejores formas de empezar a escribir un encabezado es con la sencilla palabra "cómo hacer" en el título.

Un querido amigo mío recibió una carta desagradable y difamatoria, y escribió una de las mejores respuestas que yo jamás haya leído. Su sencilla y brillante respuesta aumentó mi aprecio por él. Mi amigo había fundado y presidido la compañía estadounidense más grande de relaciones públicas y publicidad que tenía que ver con organizaciones sin fines de lucro. El remitente de la mencionada carta era respetado en algunos círculos, pero su carta era asquerosa, pedante y falsa. Solo con leerla se me subía la tensión, y eso que no estaba dirigida a mí. Mi amigo la vio, la leyó, se encogió de hombros y se rió. Él pudo haber contratado un montón de abogados y haber demandado al autor de la carta por difamación. Sin embargo, estaba demasiado ocupado para tal tontería que violaba su estilo de sencillez.

Simplemente escribió una nota al pie de la carta que recibió, con estas palabras: "Charlie (no es el verdadero nombre del remitente, por supuesto), un idiota me escribió esta carta y tuvo la audacia de firmarla con tu nombre. Pensé que debías enterarte de esto. Sam."

Casi me da un ataque de risa. Fue una respuesta perfecta. Caso cerrado. ¿Cómo contestaría usted una carta como esa? "Charlie" nunca más volvió a molestarlo.

Nada es demasiado difícil para la sencillez

Déjeme recordarle, una vez más, que la sencillez no significa que algo sea fácil de poner en práctica. Escribir un encabezado de diecisiete palabras le toma doce días al redactor publicitario mejor pagado del mundo. ¿Qué le hace pensar que usted puede hacerlo en menos tiempo?

Cuando usted sigue las reglas sencillas y escribe, o habla, de forma que (1) capta la atención del oyente; (2) mantiene su interés; (3) cuenta posiblemente una historia asombrosa que demuestra que tiene razón; y (4) presenta su petición, todo en treinta segundos, ¡lo habrá logrado! Ahorrará tiempo y podrá lograr más de lo usted jamás pensó que fuera posible. Además, descubrirá que es divertido.

Según la leyenda, a Mark Twain le preguntaron cuánto tiempo necesitaba para preparar un discurso, a lo que respondió: "Si usted quiere un discurso de veinte minutos, necesitaré dos semanas.

Si quiere un discurso de treinta minutos, necesitaré una semana. Pero si quiere un discurso de una hora, puedo ir mañana."

Cuando se trata de los comunicadores, solo los oradores que conocen a fondo sus temas pueden expresarlos con un lenguaje claro y sencillo. Lo mismo puede decirse de la paternidad. Hace muchos años llegué a la conclusión de que los padres más exitosos son aquellos que fijan menos reglas, pero reglas que no pueden romperse o interpretarse a conveniencia. Cuando las reglas son fáciles de recordar y se aplican con justicia, generalmente usted encuentra hijos más equilibrados y felices. Después de todo, Dios limitó los Mandamientos a solamente diez.

Momento para decidir

En la Biblia, la complejidad es una de las señales del carácter de Satanás, mientras que la sencillez señala el carácter de Dios. Piense, por ejemplo, en la frase "el fruto del Espíritu". Está en singular y es sencilla. La Escritura lo presenta con las diversas facetas de esa verdad, como el amor, el gozo, la paz, y así sucesivamente. Por el contrario, cuando Jesús le preguntó a un endemoniado: "¿Cuál es tu nombre?", la red satánica que controlaba al hombre gritó: "Mi nombre es legión, porque somos muchos." "El fruto del Espíritu *es*..." (singular). En el mismo pasaje, en Gálatas 5, leemos: "Las obras de la carne *son*..." (plural).

El mundo dice: *"Lee siempre las letras chiquitas, mientras más sepas, más podrás atacar el problema en más frentes y tendrás mayor ventaja."*

La Biblia subraya la verdad que todos hemos experimentado cuando enseña: *"No lo compliques"*.

Al mundo o a la Biblia, ¿A cuál vas a escuchar?

Capítulo 9

El mundo dice: "Ten como objetivo ganar"

~

La Biblia enseña: "Primero tu carácter antes que tu carrera"

Cuando yo asistía a la escuela para varones Stony Brook en 1937, las palabras del lema de la escuela quedaron grabadas en mi mente y las admiro hasta el día de hoy: *Carácter antes que la carrera.*

¿Provenía el llamado de Stony Brook solamente de su profesorado sumamente reflexivo?, ¿de su prestigiosa historia?, ¿de su elevado índice de profesores-estudiantes?, ¿de su idílica ubicación e instalaciones?, ¿de su soberbio programa de deportes? Otras instituciones ofrecían estas cosas, pero Stony Brook había abrazado un sistema de valores que la diferenciaba de otras escuelas. Una educación que no emane de un carácter arraigado en el evangelio crea trastadas que menoscaban las partes esenciales de la sociedad. La educación por sí sola no compensará la falta de carácter.

Cuando yo era joven leí un artículo que se refería al elevado número de personas con título de doctorado encarceladas en la penitenciaría de Sing Sing. El 57% de los soldados de la Gestapo de Hitler tenían títulos de maestría, y en la década de 1930 Alemania era considerada la nación más erudita del mundo occidental. Por ejemplo, la Universidad de Heidelberg era una de las favoritas para estudios posdoctorales al comienzo del siglo XX. Siete de las diez personas involucradas en el Proyecto Manhattan, que condujo a la bomba atómica, eran alemanas.

Pero la conducta, tanto de los soldados de la Gestapo de Hitler como de los reos intelectuales de Sing Sing, demostró que sus frenos morales no fueron suficientes para el potencial mental de esos hombres. La proliferación de cursos de ética en nuestras universidades explica la toma de conciencia universal de que el carácter ha estado bajo ataque. Considere, por ejemplo, el tema de la veracidad. La Biblia dice: "Que vuestro sí sea sí, y vuestro no sea no" (Santiago 5:12). Sin embargo, ahora no solamente ignoramos ese mandato sino que también violamos el noveno mandamiento: "No dirás contra tu prójimo falso testimonio." En la actualidad hacemos de la falsedad un eufemismo usando la palabra "perspectiva". La comunicación ha cedido el paso a la falsa comunicación, y el orden ha cedido el paso al disimulo.

Tome también en cuenta el asunto de la seguridad personal. Yo tenía catorce años de edad en 1938 cuando volví a Stony Brook después de las festividades navideñas. Viajé de Boston a New York en autobús. Con mi frágil maleta en una mano, y mi desgastado portafolio en la otra, tomé camino hacia la estación del metro y lo abordé hasta Jamaica, un vecindario en Queens. De Jamaica tomé un tren hasta Stony Brook en la costa norte de Long Island. Antes de que el alcalde Giuliani limpiara las calles de New York, ¿puede usted imaginar a un chico de catorce años haciendo un viaje como ese en la oscuridad de la noche?

Cuando hablo de carácter me refiero a fortaleza moral. Por moral, me refiero a la bondad o a la maldad en la conducta, a la diferencia entre lo bueno de lo malo, a la relación entre las reglas aceptadas y las normas de conducta de comportamiento que honren a Dios.

Elabore un lema para usted

Tony Robbins, el orador motivacional mejor pagado del mundo (quien recientemente ganó más de 130 millones de dólares en un año) reconoce el poder de las palabras. Él llama a sus afirmaciones "invocaciones". La revista *ASAP*, publicada por Forbes, nos da esta cita de Robbins:

> Cuando usted invoca lo que quiere, una y otra vez, empieza a concentrarse en eso... La declaración "yo invoco" dicha en voz alta mientras voy corriendo o manejando (siendo esta manera en la que mi cuerpo está en un estado ideal) es mi declaración de misión: El propósito de mi vida es servir humildemente a nuestro Señor, siendo un ejemplo amoroso, festivo, poderoso y apasionado del gozo absoluto que está a nuestra disposición en el momento que nos regocijamos por lo que Dios nos da, y con sinceridad amamos y servimos a todas sus criaturas.

"Invoco" es otra palabra para referirse a un lema.

Los lemas son diseñados para fijarse en la mente. Los publicistas hablan acerca de "proposiciones firmes". Una vez que una agencia de publicidad ha determinado lo que quiere llevar a cabo su cliente, eso reduce esta aspiración a una proposición firme, a un mensaje sencillo, esencial, que la compañía cliente quiere comunicar. Los lemas cumplen la misma función, porque expresan la esencia del mensaje de una institución. Pero hay una diferencia entre un lema y un *jingle* publicitario como aquel de *"Siempre Coca-Cola"*, o el de la publicidad de Lexus: *"La búsqueda incesante de la perfección"*. Los lemas no son superficiales, están profundamente arraigados en valores comunes y convicciones fundamentales.

No puedo pensar en una forma mejor para desarrollar un carácter sólido (algo que está por debajo de una carrera exitosa) que reflexionar diariamente en este lema: *Carácter antes que la carrera.* ¿Por qué no coloca estas palabras en su dormitorio, su oficina, en su billetera, o el parabrisas de su automóvil? Piense cuánto le beneficiaría repetir estas palabras varias veces al día. Imagine que usted, los miembros de su familia y su personal repitieran diariamente, con frecuencia y pasión: *"Por la gracia de Dios, me propongo este día pensar, hablar y actuar conforme a mis valores, los cuales están de acuerdo con la Palabra de Dios, y que anteponen el carácter a la carrera."* ¿Puede usted imaginar el éxito que resultaría en cada aspecto de la vida?

En la Escritura, Santiago escribe en el capítulo 3 acerca del poder de la lengua. Mientras más nos concentremos en los valores que honren a Dios y repitamos esos valores, nuestra manera de hablar impactará más nuestras vidas. Si nuestro monólogo se concentra en el éxito, nuestros éxitos nos conducirán a mayores alturas. Mientras más concentre usted su monólogo en metas consecuentes con valores productivos, su vida estará mucho más integrada y será más victoriosa. El continuo hábito de repetir, reaccionar y vigorizar ese lema le dará el potencial diario y necesario para llevarle rumbo al éxito.

La serie de libros de Mark Victor Hansen, *Chicken Soup for the Soul* (Sopa de pollo para el alma) fue rechazada por los editores más de cien veces, pero con el tiempo vendió más de 55 millones de ejemplares. Hansen dijo: "Lo que usted visualiza, lo activa." Solo cuando usted internaliza su lema, este influirá en su comportamiento.

Andrew Carnegie comprendió el poder de los conceptos internalizados. Si usted visita su castillo, Skibo, en Escocia, verá los dichos que él consideraba importantes hermosamente enmarcados sobre las paredes. Los israelitas internalizaron y repitieron la afirmación "Jehová nuestro Dios, Jehová uno es."

Pero su lema debe ser más que una declaración, debe convertirse en un ritual que gobierne su vida.

Una escuela extraordinaria

Fui enviado a la escuela desde un hogar piadoso. Mi padre y mi madre practicaban lo que predicaban. Cuando mi padre murió a los 92 años, había leído la Biblia de tapa a tapa 103 veces. Era lingüista, había estudiado siete idiomas. Cuando estaba lejos de casa, mi madre dirigía nuestro tiempo devocional, algo que era obligatorio. Mis padres me enviaron a la escuela Stony Brook para proporcionarme una educación de calidad, no para mejorar mi ambiente. Debo decir que, en más de 103 viajes que he hecho alrededor del mundo, y en montones de viajes intercontinentales, he reflexionado cientos de veces sobre las enormes contribuciones que me hizo Stony Brook, tanto dentro como fuera del aula.

En Stony Brook me encontré, y me mezclé, con otras nacionalidades. Mi tiempo allá tuvo el efecto de ponerme a mis anchas con personas de todos los trasfondos. Mi amigo más entrañable, Percival Gomm, era un brasileño. Mi compañero de cuarto era hijo de padres misioneros, los Nicholson. Allí desarrollé aprecio por el ritual y el protocolo. Por los servicios de capilla. Por la chaqueta y la corbata a la hora de las comidas. Por los eventos especiales que incluían buena música y buenas charlas.

En un servicio de capilla, el venerable estadista mundial, el Dr. John R. Mott, tomó la palabra. Él cambió y elevó mi concepto sobre el evangelismo mundial. Nunca olvidaré a este hombre de unos 70 años, hablándonos sobre el desafío de las misiones mundiales. Yo tenía trece años en ese entonces. Él solo recolectó más de 300 millones de dólares (más de 6 mil millones de dólares en la actualidad) entre 1895 y 1933 para causas mundiales centradas en Cristo. Escribió más de cuarenta libros. Enroló a 246 000 personas, desde Estados Unidos hasta Australia, en el ministerio cristiano. El desafío del Dr. Mott de ensanchar la mente impactó mi vida, y tuvo mucho que ver con la organización que fundé hace 46 años.

Otro ejemplo del lema "Carácter antes que la carrera" fue el Dr. Frank E. Gaebelein, el fundador de Stony Brook. Él figura como un triunfador de acuerdo a todos los criterios que conozco, y es un hombre que personifica el lema. No pude ser el mismo después de escuchar a este hombre. La resistencia a la tensión y el amable carácter del erudito Dr. Gaebelein causaron en mí una impresión que perdura hasta el día de hoy. Su interés personal por cada estudiante sirve como modelo para los líderes de las escuelas. Todavía conservo las cartas que escribió a mis padres acerca de mí. ¡Qué gran tesoro! Él vivió como una realidad cada día la verdad del lema. No fue solo un educador sino también un pianista clásico de primera categoría y un escritor influyente. También personificó el éxito, y el impacto de este lema en su vida personal, en su liderazgo, y en su influencia en todas las cosas.

La lavandera que enseñó a los profesores

Hacer que nuestro comportamiento esté sincronizado con nuestro sistema de valores conduce a la integración del carácter, y solo de una persona con esta integración del carácter puede decirse que tiene integridad. Sin integridad, el carácter está lleno de fallas y el éxito se ve obstaculizado.

Me parece extraño que, aunque las universidades están invirtiendo para superarse unas a otras en el desarrollo de sus departamentos de ética, los niveles actuales en estos temas están en una espiral descendente. La tendencia en las escuelas secundarias no es menos problemática. He aquí ciertos descubrimientos del Instituto Josephson:

> El boletín informativo de 2010 incluyó a 40 mil estudiantes de toda la nación. Los resultados mostraron que la mayoría de los jóvenes consideraba que la ética y el carácter son importantes, tanto a nivel personal como en los negocios; pero manifestaban actitudes muy cínicas acerca de si una persona puede mantener su ética y tener éxito. Además, un número alarmante de estudiantes admitió haber mentido, hecho trampa y robado recientemente.[1]

El buen carácter surge con o sin la ayuda de departamentos de la universidad donde se estudie ética. La señora Oseola McCarty trabajaba como lavandera; fue obligada a abandonar la escuela en el sexto grado para cuidar a su familia. Pero ella sorprendió a la nación con su donativo de 150 000 dólares, dinero que había ahorrado durante ocho décadas de trabajo, para crear una beca para ayudar a los estudiantes necesitados. Su historia nos enseña a todos el verdadero significado de la generosidad, la gracia y la humildad. Ese es el tipo de carácter que origina éxito.

El carácter se moldea temprano

Desafortunadamente, el éxito por sí solo no produce carácter, y sin el fundamento del carácter el éxito satisface solamente mientras se mantiene. Si usted quita ese fundamento, habrá muy poco sobre lo cual apoyarse. A los treinta y seis años de edad, Lord Byron escribió estas palabras:

> Mis días están en la hoja amarilla;
> Las flores y los frutos del amor se han ido;
> solo son míos el gusano,
> la llaga y la pena.

Uno de los artículos más desgarradores que jamás haya leído apareció en la primera página del periódico *New York Times* el 21 de mayo de 1931, pues se publicaban los detalles del suicidio de Ralph Barton, quien fue un caricaturista sobresaliente, uno de los mejores pagados del país y también un gran escritor. En su nota de suicidio describía la melancolía que había estado sufriendo. Evidentemente, sus temores casi lo llevaron a la locura. En la nota incluyó estas palabras:

> Ella [la melancolía] me ha impedido obtener cualquier cosa, como el valor completo de mi talento, y durante los últimos tres años, ha hecho que todo el trabajo realizado haya sido una tortura. Ha hecho imposible que yo pudiera disfrutar de los placeres simples de la vida que otras personas parecen tener. He ido de esposa en esposa, de casa en casa, y de país a país, en un esfuerzo ridículo por escapar de mí mismo…
>
> Nadie es responsable por esto, nadie, excepto yo mismo…
>
> Lo he hecho porque estoy harto de inventar ardides para llegar al final de las veinticuatro horas cada día; y de cubrir, periódicamente, unos cuantos meses con algún interés puramente artificial, tal como una nueva chica que me enfade hasta el punto de que me olvide de mis propias dificultades.[2]

¿Acaso el éxito le trajo a este acaudalado y altamente remunerado caricaturista-escritor la estabilidad y la satisfacción que buscaba? No, porque en términos del carácter, él se encontraba huyendo de sí mismo y destruyendo sus relaciones. ¡Qué trágico que una vida como la de este hombre, llena de grandes posibilidades para bendecir a su generación en la voluntad de Dios, haya terminado en esa tragedia!

El carácter debiera ser lo primordial de la vida humana. Sin embargo, vivimos en un tiempo en que lo primordial es siempre la economía. La única capacidad sin la cual no podemos funcionar es la capacidad de ganar dinero, por eso, con mucha facilidad anteponemos la carrera al carácter, y no el carácter a la carrera. Pero, las personas que viven según este patrón a menudo tienen vidas desesperadamente infelices. (Gordon Gecko en la película de 1987 *Wall Street* tiene muchas contrapartes en el mundo real). La avaricia que las ayuda a estar motivados como financieros con frecuencia está acompañada de la falta de carácter y de la corrupción. ¿Por qué razón? Porque los apetitos personales han usurpado el lugar más alto en su lista de valores. Cualquiera que alimente ese apetito enfermizo consigue su atención.

Carácter es igual a fortaleza

La historia nos dice que las personas que la mayoría de nosotros admiramos fueron desprendidas y estaban decididas a mantenerse aferradas a sus principios. Esta es la esencia de la santidad y del buen liderazgo. William Wallace, Winston Churchill, Abraham Lincoln, Nelson Mandela, todos ellos tenían esta característica. Estoy convencido de que este tipo de desprendimiento tiene sus raíces en el evangelio. Todos aquellos que se esfuerzan por hacer el bien casi inevitablemente terminan sintiendo que no son capaces de hacerlo por sí solos, lo cual es, precisamente, el punto de inicio del discipulado cristiano.

En Romanos 7:18-24 (NVI) el apóstol Pablo escribió: "Yo sé que en mí, es decir, en mi naturaleza pecaminosa, nada bueno habita. Aunque deseo hacer lo bueno, no soy capaz de hacerlo. De hecho, no hago el bien que quiero, sino el mal que no quiero. Y si hago lo que no quiero, ya no soy yo quien lo hace sino el pecado que habita en mí. Así que descubro esta ley: que cuando quiero hacer el bien, me acompaña el mal. Porque en lo íntimo de mi ser me deleito en la ley de Dios; pero me doy cuenta de que en los miembros de mi cuerpo hay otra ley, que es la ley del pecado. Esta ley lucha contra la ley de mi mente, y me tiene cautivo. ¡Soy un pobre miserable! ¿Quién me librará de este cuerpo mortal?"

Pero luego añade: "Gracias doy a Dios, por Jesucristo Señor nuestro… Porque… me ha librado de la ley del pecado y de la muerte. Ahora, pues, ninguna condenación hay para los… que no andamos conforme a la carne, sino conforme al Espíritu" (7:25–8:4).

Los griegos dicen: "Conócete a ti mismo." Los romanos dicen: "Gobiérnate tu mismo." Los chinos dicen: "Corrígete a ti mismo." Los brahmanes dicen: "Sumérgete en la suma universal de todo." Los musulmanes dicen: "Sométete a ti mismo." Pero el Señor Jesucristo dice: "Sin mí, nada podéis hacer."

Esta es la razón por la cual encontramos a Pablo haciendo esta extraordinaria afirmación en Filipenses 4:13: "Todo lo puedo en Cristo que me fortalece." Esa es la clave para el carácter que transforma la vida y engrandece la carrera.

La nación que casi agoniza

La Inglaterra del siglo XVIII nos da uno de los más grandes ejemplos de la historia acerca de cómo la restauración del carácter trae consigo cambios radicalmente positivos en la nación. Europa era un completo desastre a comienzos del siglo XVIII. Los agnósticos estaban haciendo su agosto. Los libros de Morgan y Hume, y de Thomas Huxley, en el siglo XIX con sus negaciones de todo lo que era espiritualmente correcto y noble, eran publicados y esparcidos temerariamente y sin control. El populacho en general consideraba al cristianismo como una fantasía y ridiculizaba sus enseñanzas. Voltaire era el escritor más popular en todo el continente. Federico el Grande era un ateo practicante. Por doquier los hombres estaban aplaudiendo la desaparición del cristianismo.

En aquellos días, creer en la inspiración de la Biblia significaba que se le negara a una persona la posibilidad de ser miembro de los círculos literarios de Alemania. El racionalismo se propagaba como un fuego por la pradera en Noruega, y Escocia languidecía bajo una medianoche espiritual sin estrellas. El ministerio se había apartado de su mensaje y se hacía referencia a los predicadores como "los simios de Epicteto". La moralidad había colapsado. Cabezas vacías en los púlpitos predicaban a cabezas vacías en las bancas. Algunos predicadores, incluso, se deleitaban durante la semana bebiendo y en parrandas. En Francia, la Revolución estaba en marcha. En las calles de Londres las tiendas de ginebra ofrecían suficiente ginebra por un centavo para que alguien se emborrachara, y por dos o tres centavos para poner a alguien más borracho que una cuba. Los clubes de librepensadores estaban por doquier. Se cometían crímenes y atrocidades a plena luz del día en las calles de Londres. Inglaterra iba rumbo a una revolución. Las enseñanzas deterministas, fatalistas y materialistas de estos agnósticos saturaban el pensamiento de la gente y rompieron las trabas de las restricciones morales.

Apenas unos pocos jóvenes de verdadero carácter escucharon el llamado de Dios para salvar a la nación de la inminente ruina. Dios entonces levantó hombres como John y Charles Wesley, y George Whitefield, quienes llegaron a ser apasionados evangelistas y llevaron el mensaje de la Biblia a lo largo de la nación. A medida que predicaban las doctrinas bíblicas del pecado, del infierno, de la gracia y de la salvación, la gente se apartaba del pecado. Con frecuencia, multitudes de oyentes se abrazaban llorando a las ropas de estos predicadores mientas ellos hablaban. George Whitefield predicó trescientas veces usando el texto "*Os es necesario nacer de nuevo*". Cuando se le preguntó por qué lo hacía, respondió: "Porque os es necesario nacer de nuevo." Multitudes luchaban con Dios en oración durante las reuniones de oración que duraban toda la noche. Grandes avivamientos se propagaron por la nación. Las Sociedades Bíblicas llegaron a ser más importantes que las sociedades literarias, y con el despertar de la predicación evangélica revitalizada surgió un nivel de vida más elevado. El impacto de esta predicación evangélica iba a sentirse por todo el mundo.

- John Howard estableció reformas carcelarias en Europa.
- J. Hudson fundó la Misión al Interior de la China en el siglo siguiente, la cual, para el año 1910, había enviado 968 misioneros.
- John Barnardo inició su trabajo misionero en Londres, el cual dio como resultado el rescate y la educación de 70 mil niños indigentes.
- William Booth organizó el Ejército de Salvación, el cual rodearía la Tierra.
- La Universidad de Princeton, la Universidad de Pennsylvania, y muchas otras universidades, son un tributo a la predicación evangélica de George Whitefield.

Dios usó toda la sencillez del evangelio para producir el carácter que salvó a una civilización y purificó la corriente de la humanidad.

Dios también tiene un elevado llamamiento para usted. Mi oración es que tenga éxito en esa vocación, cualquiera que sea. Pero, recuerde que el camino al éxito conduce primero al carácter. Carácter antes que la carrera. De esa manera usted será recordado por algo que valió la pena.

El carácter habla

En 1943, el Señor permitió que Christine Barker se convirtiera en una exitosa vocalista, pero ella quería usar sus talentos para la gloria de Dios más que para su fama personal. Pensando en asistir al Instituto Bíblico Moody, en Chicago, hojeó el anuario estudiantil vigente. Una de las fotos le fascinó. Era la mía. Cuando ella asistió a una asamblea un domingo por la mañana en el antiguo auditorio Torrey-Gray, vio a la persona de la fotografía... y se le fue el alma a los pies. Al principio, apenas pudo identificarme como el de la foto —comparado con las de otros estudiantes, yo parecía haber venido del otro lado del mundo, lo cual, en cierta forma, era cierto: mi padre era de Siria, y mi madre de trasfondo británico-estadounidense; sin embargo, desde hace tiempo tengo que admitir que mi rostro no representa a Londres sino a Damasco.

En su primera observación, Chris hizo una evaluación de mí y concluyó que yo pertenecía a alguna denominación cristiana genérica, y siendo ella una bautista fiel sabía que nunca podría albergar otro pensamiento serio acerca de mí; por tanto, me sacó por completo de su mente. Chris dice que una vez, ella y yo estábamos solos en el ascensor del instituto pero que no le presté ninguna atención. En otra ocasión —que no recuerdo— dice que nos rozamos de hombros en la calle, y no es que yo fuera inmune a una joven hermosa sino que eran las preocupaciones, o tal vez el así llamado despiste.

Poco después, mi prima Marge, también estudiante en Moody, me dijo, "John, acabo de conocer una encantadora chica, de Bristol, Virginia, una verdadera beldad sureña." Le informé a mi prima que las mujeres no eran parte de mi vida hasta que finalizara mi educación. Le aseguré mi intención de evitar las citas hasta haber completado mis estudios.

Un sábado en la mañana, mientras esperaba el taxi que me llevaría a la estación del tren para pasar un fin de semana asignado a predicar, vi a Marge y a esa preciosa joven bajando las escaleras de la oficina de correos de Moody. Marge nos presentó y luego ellas entraron a la cafetería. De vez en cuando, pero muy a propósito, pasé por el frente de la cafetería tantas veces como pude, hasta que llegó el taxi. Nos enamoramos, y le propuse matrimonio a Chris en nuestra tercera cita. Mi padre no podía entender por qué alguien propondría matrimonio en la tercera cita, pero le dije: "Me pareció que hacerlo en la segunda era demasiado pronto."

El carácter de Chris me impresionó tanto como su aspecto. El trágico daño que sufrió nuestro hijo Johnny la encadenó a la casa durante dos décadas y, con todo, se mantuvo como un ejemplo resplandeciente y un poderoso testimonio. Por ejemplo, cierto día la compañía de electricidad envió a un nuevo obrero para leer el medidor de la luz en nuestra casa.

"Un día hermoso, ¿no le parece?", comentó Chris haciéndolo pasar. "Depende de cómo usted lo vea", refunfuñó el hombre. "Oh —respondió mi esposa— la Biblia dice "Este es el día que ha hecho el Señor, nos alegraremos y gozaremos en él"." El hombre de la compañía de luz se detuvo, revisó su orden de trabajo, y dijo bruscamente: "Usted es esposa de un predicador. Tiene una casa gratis y todo lo demás. Probablemente, hasta le dan a su esposo un automóvil y le pagan la gasolina. Las personas como usted no saben lo que es pasarla difícil."

Chris sonrió y le señaló dónde se encontraba el medidor.

Cuando el hombre regresó y se dirigía hacia la puerta, Chris lo detuvo y le preguntó: "¿Le importaría pasar a la otra habitación por un minuto? Quisiera que conociera a nuestro hijo." A regañadientes, el joven obrero la siguió. Y allí estaba Johnny acostado, despatarrado en su cama especial, con sus grandes ojos oscuros, pero recibió a aquel hombre con una amplia sonrisa en su rostro. "Johnny", dijo Chris, "este es nuestro joven encargado del medidor de electricidad." "Joven, me gustaría presentarle a Johnny."

Aquella tarde el encargado del medidor se fue a Georgetown, Kentucky. Estando allí, visitó a unos amigos y les contó sobre su experiencia con Johnny, y el impacto que esto le había causado. Los amigos que estaba visitando eran vecinos de una pareja que tenía una hija con parálisis cerebral. Ellos se encontraban sumamente amargados debido a la condición de su hija. Después que el encargado del medidor se fue, sus amigos les contaron a sus vecinos la historia de la compostura y el encanto de Chris, así como de la experiencia poco común que había tenido el joven del medidor al conocer a Johnny. Los padres de la hija con parálisis cerebral quedaron tan impresionados que fueron a una iglesia local esa misma noche, y ambos se convirtieron a Cristo, llegando a ser miembros activos de aquella iglesia.

Momento para decidir

> Oh hombre, él te ha declarado lo que es bueno, y qué pide Jehová de ti: solamente hacer justicia, y amar misericordia, y humillarte ante tu Dios (Miqueas 6:8).

El mundo dice: "*Ten como objetivo ganar y no dejes que nada se interponga en tu camino. El lugar de trabajo es un ambiente competitivo y tener éxito significa ganar.*" La carrera, por tanto, se reduce a poder, dinero y apariencia.

La Biblia señala que ganar tiene en sí mismo un valor limitado y no ofrece satisfacción duradera. El énfasis bíblico no está en crearnos un currículo, sino en crearnos valor como personas. En la medida que tengamos influencia, tenemos la responsabilidad de guiar a otros (familia, hijos, amigos, colegas, conocidos casuales, y tal vez hasta a admiradores) hacia algo que valga la pena. La Biblia enseña: *"Primero tu carácter que tu carrera."*

Al mundo o a la Biblia. ¿A cuál vas a escuchar?

Capítulo 10

El mundo dice: "Busca ser el primero"

La Biblia enseña: "Da y serás prosperado"

A finales de la década de 1930, Fred y Grace Kinser escuchaban todos los domingos por la noche el programa radial *The Old-Fashioned Revival Hour* (La hora de avivamiento tradicional), presentado por el Dr. Charles E. Fuller, de Pasadena, California. En esa época, Fuller era uno de los principales comentaristas no denominacionales de los Estados Unidos. Los Kinser no tenían mucho dinero. Fred era un panadero con ingresos modestos, y Grace ama de casa, esposa y madre. Ellos enviaban pequeñas ofrendas (en realidad, grandes ofrendas comparadas con sus recursos), y oraban fervientemente por el ministerio radial. Con el paso del tiempo, Grace desarrolló una ardiente pasión por enviar más dinero. Ella supo que el Dr. Fuller necesitaba dinero para sostener las transmisiones y ampliar su alcance. Así que, Grace hacía ensaladas y sándwiches y los vendía de puerta en puerta. Sus esfuerzos se convirtieron en un gran negocio. Llegó a ser la mayor contribuyente del Dr. Fuller antes de que este falleciera y, en el camino, se volvió multimillonaria. Poco antes de su muerte, ella vendió la totalidad de la empresa, "Ensaladas de la Sra. Kinser" por varios millones de dólares.

Conocí a Grace Kinser. En una ocasión me dijo, dejando escapar una risita: "John, muchas mujeres en mi comunidad decían "Bueno, Grace, con el debido respeto, nosotras podemos hacer mejores ensaladas que tu". Pero había una diferencia, que yo salí y las hice."

El consejo más loco jamás dado

Mientras escribo, Estados Unidos, Europa y muchas otras partes del mundo languidecen bajo la más severa recesión económica desde la Gran Depresión. Millones de personas a lo largo de Estados Unidos luchan con hipotecas que son considerablemente más altas que el valor actual de sus casas. Muchas personas han tenido que disminuir sus gastos para poder sobrevivir. Adolescentes acostumbrados a manejar sus propios autos se han visto forzados a dejar de hacerlo. Por haber sido criados en una atmósfera en la cual el valor neto y el valor propio se habían confundido, tienen que luchar con el trauma emocional. Los padres han tenido que retirar a sus hijos de costosas escuelas privadas e inscribirlos en escuelas públicas. Esto hace mayor su humillación y su percepción de la disminución de su valor propio. Muchos estudiantes del último año de secundaria cuyas mentes habían estado puestas en las costosas universidades de mayor prestigio, se enfrentan ahora con la realidad de que no cuentan con dinero. Están cambiando sus planes con la esperanza de ingresar en universidades estatales mucho más económicas —las cuales, dicho sea de paso, no están académicamente muy detrás de las más prestigiosas.

En tiempos como estos, dar prioridad a ofrendar dinero puede parecer realmente extraño. Seguramente usted da dinero después de haber asegurado su supervivencia económica, ¿verdad? Sin embargo, recuerde el lema del capítulo anterior: "*Carácter antes que la carrera*". Le hará bien estudiar la mentalidad de dar dinero de grandes magnates estadounidenses. Me refiero a personas tales como William Colgate, J. L. Kraft, Robert G. LeTourneau, John Wanamaker, Robert Woodruff (de la famosa Coca-Cola), S. Truett Cathy (de Chick-fil-A), Mary Crowley (de Home Interiors and Gifts), (Leland Stanford y su esposa (de la Universidad Stanford)… y la lista parece ser interminable.

En la mayoría de los casos los súper ricos comenzaron sin nada de dinero en absoluto. Algunos de ellos quebraron en más de una ocasión. Pero nunca fueron pobres. La pobreza, como ya lo mencioné antes, es un estado de la mente. La promesa de Dios es esta:

> Dad, y se os dará; medida buena, apretada, remecida y rebosando darán en vuestro regazo; porque con la misma medida con que medís, os volverán a medir (Lucas 6:38).

Con frecuencia, hay creyentes que me dicen *"Esa promesa tiene que ver solo con cristianos"*. ¡Tonterías! Si un ateo salta del piso 30 de un edificio se matará. Lo mismo le pasará a un cristiano. La ley de la gravedad no tiene favoritos, y tampoco los tiene la ley de la siembra y la cosecha. Si un ateo siembra 405 hectáreas de maíz va a disfrutar de una mayor cosecha que un cristiano que solo siembre 4.

El activo neto no es indicativo del valor propio

Me he reunido con varios miles de líderes. Ya sea en casas de gobierno, en universidades, o en las salas de juntas de comercio, sus conversaciones revelan que muchas de estas personas (incluso algunos creyentes) califican su valor propio en términos de su activo neto. Si las adversidades financieras les impiden usar ropas costosas, afiliarse a clubes exclusivos, inscribir a sus hijos en escuelas de prestigio y vivir en casas multimillonarias en comunidades cercadas (en pocas palabras, alcanzar una cierta distinción social y niveles lujosos de vida) su valor propio se desploma.

Eso es triste e innecesario.

Desde el primer capítulo de la Biblia, Dios enfatizó la verdad de que Él es el dueño de todo. Su nombre se menciona quince veces en los primeros catorce versículos, treinta y un veces en el primer capítulo, y cuarenta y cinco en los primeros dos capítulos. ¿Qué está tratando de decir Dios? Que Él es dueño de todo. No le ha transferido a nadie el título de propiedad.

Jesús habló acerca del dinero más de lo que hizo sobre cualquier otro tema. Menciona el dinero ochenta y ocho veces en el evangelio de Mateo; cincuenta y cuatro veces en el evangelio de Marcos, y noventa y dos veces en el evangelio de Lucas. De sus treinta y ocho parábolas, dieciséis tienen que ver con el uso correcto o equivocado de los bienes materiales. Uno de cada seis versículos en los cuatro evangelios se refiere al uso correcto, o erróneo, de los bienes materiales. ¿No cree usted que si Jesús habló más acerca del dinero que de cualquier otra cosa sería sabio prestar especial atención?

Usted no podrá lograr un éxito genuino y duradero sin el hábito de la generosidad financiera. Lea Lucas 6:38 una vez más. Se hará un favor a usted mismo si lo memoriza y lo repite cada mañana al tener su devocional. Este ejercicio lo librará de los hábitos autodestructivos de la quejumbre, de la inconformidad y de echar la culpa a los demás. Dar debiera ser habitual.

Ted Nicholas, quien ha tenido más de 7 mil millones millones de dólares en ganancias por sus escritos, tiene 77 años de edad para el momento en que escribo estas líneas, con residencias en Suiza, Chipre y los Estados Unidos; según su propio testimonio, tiene más dinero del que jamás pudiera gastar. Entonces, ¿por qué sigue trabajando? Porque de esa manera puede dar más dinero para obras benéficas. No es de extrañar que Nicholas tenga una actitud mental positiva. Nunca he conocido a un avaro que fuera un pensador positivo. Los dadores disfrutan de salud mental vigorosa.

Escuché decir al psicólogo Alfred Adler que él nunca había conocido a nadie que fuera un neurótico si estaba absorbido en ayudar a otras personas. Esto vale para todos los dadores.

El financiero que desafió la tendencia

Considero a John Templeton un amigo querido y apreciado. Me visitó tres veces en Atlanta y me ha invitado varias veces a visitar su casa en Cayo Lyford, en las Islas Bahamas. Él estaba en la Universidad de Yale cuando se produjo la Gran Depresión. Su padre le escribió diciéndole que, debido a los reverses de la fortuna, John tendría que volver a casa. Su padre no estaba en capacidad de pagar el costo de la matrícula. John le contestó: "¿Me permitirías quedarme si puedo cubrir mis necesidades económicas?" El padre estuvo de acuerdo. Como pudo, John Templeton terminó sus estudios en Yale. Con la ayuda de su arduo trabajo y de unas becas se graduó de economista, siendo el primero de su clase. Luego asistió a la Universidad de Oxford durante dos años con una beca Rhodes.

Después de terminar sus estudios, el joven Templeton, de 24 años, hizo un recorrido por treinta y cinco países con James Inksetter, un compañero cristiano de Oxford. Revisaron sus fondos, y gracias a que ambos eran creativos en cuanto a la economía, hicieron su viaje con un presupuesto muy modesto. Templeton empezó su carrera en Wall Street con la firma Fenner y Beane. Conservó acciones durante un promedio de cuatro años, e hizo compras ventajosas que por mucho tiempo fueron ignoradas. En 1939 pidió un préstamo para comprar 100 participaciones de cada acción de cinco centavos, y las vendió después a un dólar o menos por participación. Su inversión casi se cuadruplicó en el lapso de cuatro años. Junto a su primera esposa (posteriormente fallecida en un accidente) ahorraba el 50% de sus ingresos para poder crear su propia compañía, lo cual logró hacer. Templeton inició el primer fondo internacional de inversiones. Creía en diezmar, y lo practicaba. Creía en la oración, y la practicaba. Él dijo: "Si comienzas con oración, pensarás con mayor claridad y cometerás menos errores." Era igualmente elocuente en su énfasis sobre el valor de diezmar.

Quizá usted haya escuchado hablar del Premio Templeton para el progreso de la religión, el cual honra a la persona que haya hecho la mayor contribución a la religión durante el año. En los últimos años, el premio por este privilegio ha sido de más de 1 millón de dólares cada año. ¿Le causó daños económicos a Templeton su generosidad? De ninguna manera, ya que murió siendo un multimillonario.

Escoja la metáfora correcta

La mayoría de las personas piensan en todo lo que tienen como una gran torta. Consideran cada donación que hacen como un pedazo de esa torta, lo cual va disminuyendo su tamaño y su valor. Esa no es una metáfora útil. En vez de eso, considere todo lo que tiene como granos de trigo. Mientras más siembre, mayor será su cosecha. Obviamente, la mayoría de las personas no creen eso. Menos del 2.6% de los miembros de las iglesias diezman de su dinero. Dudo que el porcentaje entre las personas que no van a ninguna iglesia sea mayor. Claramente, la mayoría de la gente no entiende la ley de sembrar y cosechar.

El hombre más sabio de todos los tiempos, Salomón, dijo: "El alma generosa será prosperada, y el que riega será también regado" (Proverbios 12:25, NBLH). Salomón estaba en lo cierto, porque no estaba hablando acerca del cielo, sino sobre la prosperidad, tanto la temporal como la espiritual. Usted nunca alcanzará el éxito verdadero sin generosidad.

La razón por la que dar es fundamental

Dios no necesita sus dádivas. ¿Cree usted que Él lee el *Wall Street Journal*, el *The Financial Times*, o el *Investor's Business Daily?* ¿Cree que Él consulta a especialistas en finanzas? ¿Cree que su riqueza fluctúa según el precio del oro? Él Señor dice:

> Porque mío es todo animal del bosque, Y el ganado sobre mil colinas. Si yo tuviera hambre, no te lo diría a ti; porque mío es el mundo y todo lo que en él hay (Salmo 50.10, 12 NVI).

Usted no da porque Dios necesite su dinero. Da porque usted necesita hacerlo. En el huerto del Edén, Dios apartó un árbol que Adán y Eva no debían tocar. ¿Por qué razón? Porque quería recordarles que Él era el dueño de todas las cosas. Cuando usted usa mal el diezmo de Dios está repitiendo del mismo modo el pecado de Adán y Eva. Al igual que ellos, está tomando aquello que Dios se ha reservado para sí. Repito, Dios nunca ha transferido el título de propiedad a nadie. Somos sus mayordomos.

Si yo pongo algo de dinero en manos de mi agente de bolsa, él se beneficia en proporción al grado en que tenga éxito en mejorar lo que le entregué. La responsabilidad del mayordomo es mejorar lo que le ha sido confiado. ¡Qué oportunidad tan grande tenemos y cuánto gozo grande hay en ello! ¿Se cree más sabio que Dios? ¿Piense por un momento, si le puede ir mejor con su dinero completo, en vez de dar a Dios la décima parte que le corresponde?

También damos como una sencilla demostración de gratitud por la gracia divina. Usted no puede ganarse su salvación. La Biblia enseña que somos salvos por gracia, no por nuestras obras. La gracia consiste en que Dios nos da a usted y a mí todo lo que Él pide de nosotros. ¿Qué es lo que Dios pide? Justicia. La gracia consiste en que Dios me da esa justicia en Jesucristo. Él es mi justicia. Yo no puedo comprarla, y la gracia que recibo no aumenta por causa de mis méritos, ni disminuye por mis deméritos. El apóstol Pablo escribe en Romanos 11:32: "Porque Dios ha encerrado a todos en desobediencia para mostrar misericordia a todos." Además, no hay tal cosa como pecados leves. Usted puede ser un refinado ejemplo de perfección en el vestir, sin tacha en su complexión, pero ante los ojos de Dios es un pecador tan malo como el hijo de perdición. Dios los "ha encerrado a todos en desobediencia."

Así que, no podemos pagar por la gracia, pero podemos demostrar gratitud por ella. "Porque por gracia sois salvos por medio de la fe; y esto no de vosotros, pues es don de Dios; no por obras, para que nadie se gloríe" (Efesios 2:8, 9).

No solamente dinero

Nuevamente, cuando dé, no se concentre únicamente en el dinero. Pablo escribe en Romanos 12:1: "Así que, hermanos, os ruego por las misericordias de Dios, que presentéis vuestros cuerpos..." Él no dice "corazones", ni "cabeza" o "intelecto". Dice "cuerpos", aquello que nosotros como cristianos hemos convertido en templos del Espíritu Santo.

> ¿O ignoráis que vuestro cuerpo es templo del Espíritu Santo, el cual está en vosotros, el cual tenéis de Dios, y que no sois vuestros? Porque habéis sido comprados por precio; glorificad, pues, a Dios en vuestro cuerpo y en vuestro espíritu, los cuales son de Dios (1 Corintios 6:19, 20).

Está claro que no puedo subirme al plato de las ofrendas. Entonces, ¿cómo presento mi cuerpo? La respuesta está en las dimensiones que ocupa el cuerpo: tiempo y energía. Si mi tiempo terrenal ha finalizado, mi cuerpo no puede hacer nada. Si no tengo energías, mi cuerpo no puede funcionar. Por eso, cuando pongo dinero en el plato de la ofrenda no estoy pagándole a Dios para tener mi consciencia tranquila. Estoy demostrando el sometimiento de mi vida y de mis habilidades a Él.

Una de las mayores contribuciones que jamás haya recibido a favor del Instituto Haggai fue el estímulo de uno de los mayores contribuyentes. Ed Prince fue el fundador de la Corporación Prince, la cual producía mucho del material interior para la mayoría de los autos. Él había creado la compañía desde su capitalización original por la suma de cinco mil dólares, hasta convertirla en un coloso que fue vendida, poco antes de su muerte, en más de mil millones de dólares. Él y su esposa, Elsa, asistieron a una de las sesiones de adiestramiento del Instituto Haggai para líderes no occidentales. El sábado por la noche, durante su visita, él hizo arreglos para invitarme a cenar con su familia. Este hombre, de una visión incalificable y que había asombrado al mundo de la industria con sus logros, me vio al otro lado de la larga mesa y me preguntó: "¿John, estás seguro de que tu visión es lo suficientemente grande para abarcar los próximos cincuenta años?" Yo podría haber llorado. Interiormente lo hice, pero era un llanto de agradecimiento. Reflexioné sobre los primeros tiempos en los que aun mis amigos más cercanos, queriendo ser comprensivos, minimizaban sus críticas, pero me hicieron saber que pensaban que era un plan alocado. Ahora, este magnate de la industria evaluaba el programa. Él quería estar seguro de que mi visión era lo suficientemente grande para el próximo medio siglo.

Momento para decidir

En 1950 conocí a uno de los principales empresarios y filántropos de Chicago, Paul Brandel. Sostuvimos una encantadora conversación y me contó su historia. Se había graduado de leyes justo antes de ir al ejército durante la Segunda Guerra Mundial en 1941. Durante su tiempo de servicio decidió que no quería ejercer como abogado cuando saliera, prefería más los negocios. Por una parte, en los negocios tendría menos restricciones de tiempo. También, tendría mucha más independencia ya que estaría trabajando para sí mismo y no como consejero legal para una multitud de otras personas. Así que, cuando se dio de baja en el servicio, tomó todo el dinero que tenía ahorrado e hizo su primera negociación. Proyectó lo que creía que iba a ser un buen retorno de su inversión. No dijo *Bueno, si el Señor me bendice daré el diezmo*. En vez de eso, pidió un préstamo de dinero para dar, *por anticipado*, el 30% de sus ganancias previstas. Pidió el préstamo a título personal y dio el 30% al Señor de sus ganancias esperadas *antes* de comenzar el proyecto. Este principio lo mantuvo hasta su muerte a la edad de 74 años.

No quiero que usted tenga la impresión de que cada acuerdo que él hacía se transformaba en una ganancia. Eso está lejos de la realidad, ¿Qué granjero no ha tenido nunca una mala cosecha? Aun así, a lo largo de su vida Brandel mantuvo el principio de dar el 30% de las ganancias que esperaba tener antes de emprender cualquier empresa. Hizo millones de dólares. Hizo donaciones a hospitales y escuelas. Apoyó firmemente las misiones foráneas. Entendió bien aquello de ir "la segunda milla" en cuanto a dar. También entendió que el dar debe estar en la parte delantera, así como se siembra la semilla antes de recoger la cosecha, y cómo se invierte tiempo en estudiar antes de obtener el título.

Paradójicamente, por la generosidad de Dios, esa es la mejor forma de buscar ser el primero.

El mundo dice: *"Busca ser el primero."* En otras palabras, entrega solamente las sobras.

La Biblia enseña: *"Da y serás prosperado."*

Al mundo o a la Biblia. ¿A cuál vas a escuchar?

Capítulo 11

El mundo dice: "Acepta lo que eres"

La Biblia enseña: "Adiestra tu mente"

Cierto día, mi esposa recibió una llamada anónima de una mujer que le preguntó: "¿Crees que es correcto que ustedes críen a un lisiado, y aún así traten de servir a una iglesia?" Esto ocurrió después del trauma del nacimiento de Johnny. Habían pasado meses para poderlo sacar del hospital y llevarlo a nuestra casa, lo que había requerido algo de preparación. Ninguno de nosotros había previsto el impacto que este cambio causaría en la iglesia que yo estaba pastoreando. Antes de que Chris se recuperara del impacto de esa llamada, otra mujer telefoneó. "Tú sabes que podrías conseguir fácilmente a alguien que se ocupe del niño. Pero te encanta que te compadezcan. Bueno, no esperes ninguna compasión de mi parte." Luego recibió algunas llamadas en cuanto a mí. "¡Él está destrozando nuestra iglesia!", le gritó una voz a Chris. Otra persona dijo: "Ah sí, seguro, él está llenando el santuario, formando un grupo de gente que lo apoye para estar de su lado contra aquellos de nosotros que hemos sido fieles todos estos años. ¿Por qué no toman a ese niño y se van de la ciudad?"

Chris entró al dormitorio, cerró la puerta y le pidió a Dios que le diera su gracia para poder amar a estas personas que estaban haciendo esas llamadas agresivas. Luego, bajó de prisa las escaleras y comenzó a preparar la mejor comida que había hecho en un año. "*¡Bon appétit!*", entonó en voz alta cuando entré en la casa. Eché una mirada a la mesa, como servida para un rey, y pregunté: "¿Quién está cumpliendo años?" Chris solamente sonrió y me apuró para que me aseara para la cena, y entonces nos sentamos a la mesa. Conversamos y reímos juntos durante la comida. Pero después se puso seria.

—¿Pasa algo malo?— pregunté.

—Ha pasado— dijo ella. —Pero quiero ayudar a que las cosas se hagan bien.Y me habló de las llamadas telefónicas.

—No me había dado cuenta por todo lo que estabas pasando— me dijo. —¿Por qué no me lo dijiste?

—¿Y poner más cargas sobre tus hombros?— arguyó.

—Será más fácil para mí si sé que estoy compartiendo todas tus experiencias. Tú quieres saber todo lo que le ocurra a Johnny, y él te adora por eso. Y yo también.

Nos dimos un hermoso abrazo.

Enfrentábamos una situación difícil. Supongo que si hubiera tenido un trabajo con horario de 8 am a 5 pm las cosas podrían haber sido un poco más sencillas. Sin embargo, como le digo con mucha frecuencia a mi personal: "No estoy buscando a nadie que esté buscando una semana de cuarenta horas, sino a alguien que esté buscando un día de cuarenta horas." El dinamismo del ministerio, si permitimos que se disipe, será difícil de retomar.

A pesar de ello, hasta el día de hoy me maravilla la capacidad de Chris de hacerle frente a la situación, ordenando simplemente su mente de la manera correcta. Ella tenía a un hijo minusválido, un esposo increíblemente ocupado, y personas extrañas haciendo llamadas agresivas. Pero ella pudo superarlo por la gracia de Dios, y por su sana fortaleza mental.

El poder del pensamiento

No hace falta un psicólogo clínico para que le diga a usted que los primeros pensamientos que tenga al despertarse afectarán el resto de su día. Si se despierta con pensamientos deprimentes, va a tener un día terrible. Si se despierta con pensamientos positivos y gozosos, tendrá un buen día. Abraham Lincoln dijo: "La mayoría de las personas serán tan felices como preparen su mentes para serlo."

Su manera de pensar se verá reflejada en sus acciones. Uno de mis hábitos es hacer amistad con tres personas nuevas cada semana. Ya tengo 89 años, ¡de modo que mi pandilla está mermando rápidamente! Para hacer nuevas amistades tengo que contactar a personas más jóvenes. Esto significa que tengo que saber cómo piensan ellas.

Otra de mis metas es tener tres pensamientos nuevos cada semana. (No quiero morir antes de estar muerto.) Pongo por escrito estos nuevos pensamientos y los conservo para revisarlos. Esto ha demostrado ser un ejercicio valioso ya que agudiza mi manera de pensar y aumenta mi capacidad de memorizar. En el Salmo 1:2, el salmista describe al hombre piadoso como uno que se deleita en la ley del Señor y que medita en ella de día y de noche. Entonces, tome solo cinco minutos después de leer su Biblia y ponga por escrito, al menos, un gran pensamiento que haya extraído de la lectura. Después, saque tiempo durante el día para recordar ese pensamiento y meditar en él.

Observe, también, hacia dónde va su mente durante el día. Todos hablamos con nosotros mismos desde que nos levantamos hasta que nos acostamos por la noche. Este monólogo puede animarle o destruirle. Puede crear un grillete y una cadena para mantenerle fracasado, airado, atemorizado y desesperado, o crear alas y dejarle volar hasta la estratósfera del éxito.

Supongo que usted ha puesto por escrito sus metas con fechas específicas para cumplirlas. ¿Qué podría ser mejor que tomar tiempo, después de que ore y tenga su estudio y meditación de la Biblia, que revisar sus metas y pensar en ellas? Además, puede visualizar sus metas como que si ya las hubiese logrado exitosamente.

Someta su subconsciente a una dieta saludable

Cierta noche en que mi padre y yo estábamos orando, él dijo unas palabras que han permanecido conmigo: "Señor, obra tú a través de nuestros subconscientes durante las horas de la noche para que nuestras mentes te honren y cumplan nuestros deseos de querer honrarte." Cuando yo tenía diecisiete años, mi madre me dio un libro titulado *El poder de la mente subconsciente*. En aquel entonces, ese libro causó en mí una impresión positiva y continúa, influyendo en mi manera de pensar.

Lo maravilloso acerca del subconsciente es que nunca duerme. Funciona durante las veinticuatro horas al día, los siete días de la semana. Controla los latidos de su corazón, su respiración y la mayoría de sus funciones corporales, sea que usted esté despierto o dormido. Su subconsciente no tiene conciencia. Cree cualquier cosa con que usted lo alimente de su mente consciente. Por tanto, es importante que alimente su subconsciente con pensamientos que mejoren su vida y, sobre todo, que honren a Dios.

El difunto Sam Walton, fundador de la cadena de tiendas Walmart, dijo: "La esperanza lo es todo." El famoso predicador del siglo XIX, Charles Spurgeon, manifestó: "Es posible que usted no siempre consiga lo que quiere, pero siempre conseguirá lo que espere."

Recomiendo que cualquiera que desee sacar mayor provecho de su vida, en relación con sus pensamientos, lea el libro *Believe!*

(¡Crea!), por Richard DeVos y Charles Paul Conn (Fleming H. Revell, 1975). Habiendo tenido un comienzo muy austero, De-Vos y su socio, el difunto Jay Van Andel, edificaron una compañía mundial la cual, recientemente, alcanzó los 10 mil millones de dólares en ventas. Es de propiedad privada. Solo el Señor sabe cuál sería su valor en el mercado si se volviera pública.

Su subconsciente contiene todas sus creencias. Esta idea puede ser aterradora. Muchas veces, la gente ha dado lugar, dentro de las cosas que creen, a pensamientos e ideas de las que no quisieran que nadie se enterara. Cierta vez escuché a un hombre que perdió los estribos y explotó. Usando la frase de Winston Churchill: "Generó más antagonismo del que era capaz de soportar." En unos pocos minutos se calmó y dijo: "No quise decir eso." Mi padre, tranquilamente, me dijo después: "Por supuesto que quiso decirlo. Si no lo hubiera pensado no lo habría dicho." Jesús dijo: "Porque de la abundancia del corazón habla la boca" (Mateo 12:34).

Muchas amistades se han destruido, muchos matrimonios se han roto, muchos trabajos se han perdido, y muchas reputaciones se han manchado simplemente porque pensamientos perniciosos engendraron palabras violentas. En la Biblia leemos: "Porque no nos ha dado Dios espíritu de cobardía, sino de poder, de amor y de dominio propio" (2 Timoteo 1:7). La frase "*dominio propio*" podría traducirse "autocontrol". Los pensamientos destructivos se generan por la ausencia de autocontrol. El versículo también indica que Dios no nos da un espíritu de temor, sino de amor y poder.

Job dijo: "Porque el temor que me espantaba me ha venido, y me ha acontecido lo que yo temía" (Job 3:25).

Ponga su imaginación en la dieta correcta

Mantenga su mente fuera de las cosas que *no* quiere y dentro de las que *sí* quiere —asumiendo que quiere cosas que honren al Señor y, de esa manera, le beneficien. La imaginación tiene una batalla con la voluntad. En cada caso, la imaginación gana la batalla. Entonces, no diga: "Yo no quiero hacer esto", porque al decirlo está detonando su imaginación. Se está concentrando en lo mismo de lo que está tratando de alejarse. En consecuencia, usted avanzará hacia su realización.

En mi juventud, mi padre me dijo: "Hijo, cuando confieses ciertos pecados al Señor, confiésalos rápidamente y sigue adelante. De otra manera, si dejas que en tu mente esté pensando todo el tiempo en el pecado que has confesado, simplemente se repetirá." Por ejemplo, supongamos que alguien me traiciona y me causa gran consternación y un costo personal considerable. El Señor me dice que debo perdonar a esa persona. Como hijo de Dios quiero perdonarlo. Sin embargo, mientras estoy confesando mi pecado de aborrecerlo y pidiéndole al Señor que me lo perdone, lo que voy a lograr es que se repita si sigo pensando en eso mientras oro.

Si usted ha sufrido algunos reveses, concentre su atención en donde quiere llegar, no donde ha estado. No siga mirando al pasado, a menos que quiera volver allá. Usted marchará hacia donde le dirijan sus pensamientos.

No puede pensar de una manera y actuar de otra

Usted se engaña a sí mismo si cree que puede pensar de una manera y actuar de otra. Sus pensamientos hallan su expresión en su actitud. El apóstol Pablo escribió a los corintios: "Las malas conversaciones corrompen las buenas costumbres" (1 Corintios 15:33). ¿Por qué es así? Porque las malas compañías infunden en su mente malos pensamientos, y los malos pensamientos corrompen la conducta.

Usted debe ocuparse continuamente de su vida mental. En un día, usted se lava la cara y se cepilla el cabello un par de veces, y se ducha o se baña una vez. ¿Por qué razón? Porque sabe que el deterioro es la consecuencia de ignorar estos hábitos de higiene. Si lo hace, no se verá bien. No olerá bien. De la misma manera, si va a controlar sus pensamientos y producir la clase de subconsciente que caracterice unas creencias productivas, debe practicar diariamente la higiene mental.

Durante la Segunda Guerra Mundial, yo estaba estudiando en Chicago y leí una interesante historia en el diario *Tribune*. Había muchos jóvenes prestando servicio militar, de manera que las empresas tenían dificultades para cubrir los cargos que requerían del liderazgo de una persona. Uno de los bancos famosos de Chicago había encontrado a un joven que parecía llenar el perfil. Un día, el director del banco se encontraba almorzando con el presidente de la junta directiva en una cafetería cercana. El presidente de la directiva le dijo al director del banco: "Estoy muy impresionado con la hoja de vida que me enviaste del joven que estás sometiendo a consideración."

Justo en ese momento, el presidente le dijo: "Ah, míralo allí. Está en la fila de la cafetería." El presidente lo observó y dijo: "Realmente tiene buen porte, ¿no es así? Luce pulcro y bien arreglado."

Ellos lo observaron mientras elegía sus platos principales (carne, vegetales, ensalada). Entonces, cuando se dirigía hacia la caja para pagar, lo vieron tomar un poquito de mantequilla y esconderla en su puré de papas.

Usted puede imaginar el resto. Perdió su oportunidad de ocupar ese bien remunerado puesto. De hecho, perdió la oportunidad de ser tomado en cuenta nuevamente por cualquier banco para ocupar cualquier puesto. Podría usted decir *"¿Por tomar una poquito de mantequilla?"* No, sino porque era un ladrón. El valor de lo robado no tiene nada que ver con el carácter de la persona. Su manera de pensar no era correcta y le costó un futuro prometedor.

Moisés amonestó a su pueblo con estas asombrosas palabras: "Sabed que vuestro pecado os alcanzará" (Números 32:23). Salomón también es claro: "Porque cual es su pensamiento en su corazón, tal es él" (Proverbios 23:7). En el Nuevo Testamento, el apóstol Pablo hizo hincapié en la importancia de nuestros pensamientos: "Porque las armas de nuestra milicia no son carnales, sino poderosas en Dios para la destrucción de fortalezas, derribando argumentos y toda altivez que se levanta contra el conocimiento de Dios, y llevando cautivo todo pensamiento a la obediencia a Cristo" (2 Corintios 10:4, 5).

Para ser un triunfador, usted debe involucrarse en acciones exitosas. Para involucrarse en acciones exitosas, debe hacer de los pensamientos exitosos un patrón constante en su vida diaria. No se aferre a pensamientos que no se conformen a la vida y a las enseñanzas del Señor Jesucristo. En los sesenta y siete años de mi ministerio, con frecuencia he oído a gente que dice, refiriéndose a quienes han pecado gravemente en lo espiritual, social y hasta físicamente: *"Ay, no, es triste que haya caído en el pecado."* Sin embargo, no hay tal cosa como "caer en el pecado". A toda acción la preceden los pensamientos. Cuando una persona se involucra en comportamientos que arruinan su reputación, destruyen a su familia y torpedean una buena posición. Usted debe saber que un largo periodo de deterioro mental precedió al acto visible.

Jesús dijo: "Pero lo que sale de la boca, del corazón sale; y esto contamina al hombre. Porque del corazón salen los malos pensamientos, los homicidios, los adulterios, las fornicaciones, los hurtos, los falsos testimonios, las blasfemias" (Mateo 15:18, 19). Tome nota de lo que acompaña a las blasfemias, los falsos testimonios, las fornicaciones y los adulterios. Estos comparten el mismo espacio con los homicidios. Una persona puede involucrarse en falso testimonio, blasfemias y adulterio (siempre y cuando no sea estupro) y mantener una posición envidiable en la sociedad. Si hubiera cometido un homicidio iría a prisión.

¿Conversa usted bien consigo mismo?

Cuando yo era un niñito, mi madre me dijo: "John Edmund, puedes tener pensamientos acerca de los cuales yo no sepa nada. Tu padre tampoco los sabrá, ni lo sabrán tus hermanos. En realidad, nadie va a saber acerca de esos malos pensamientos. Sin embargo, si albergas malos pensamientos y lo haces repetidamente, sin confesarlos al Señor ni arrepentirte, esos pensamientos, inevitablemente, pondrán su sello en tu rostro. A medida que crezcas, habrá personas con discernimiento que van a decir: "Allí está una persona de malos pensamientos"." Eso me asustaba de una manera indescriptible. Con mucha frecuencia, siendo un niño de ocho o nueve años, me miraba en el espejo y me preguntaba si mis pensamientos habían empezado a aparecer en mi rostro. Cada declaración no sincera, cada hogar arruinado, cada relación rota, cada hábito de empleo no desempeñado o desempeñado mal... todos ellos comienzan con pensamientos incorrectos, con malos pensamientos.

No es de extrañarse que Pablo enfatizara la importancia de derribar todo argumento y altivez que se alzara contra el conocimiento de Dios. En sus conversaciones consigo mismo, le sugiero que utilice expresiones como estas:

- Gracias, Dios; me siento muy bien.
- Me encuentro disfrutando de la vigorosa salud que el Señor me da cada día.
- Por la gracia de Dios y la fe del tamaño de un grano de mostaza, puedo lograr lo humanamente imposible.
- Amo mi trabajo, y espero con ilusión tener un día feliz y productivo.

- Hoy y cada día me estoy acercando más a mis metas inspiradas por Dios.
- "Aquel que es poderoso para hacer todas las cosas mucho más abundantemente de lo que pedimos o entendemos no dejará que yo fracase."
- Por su poder ya soy un triunfador —¡y estoy mejorando!
- Al perseverar en su fortaleza, nada puede detenerme.
- Estoy comprometido a hacer todo lo que sea necesario para tener éxito.
- En este mismo momento estoy gozoso.
- Me perdono a mí mismo, y a los demás, por los errores del pasado y los pongo todos bajo la sangre de Cristo.
- Dios me ha hecho único en todo el mundo.
- Por la gracia de Dios y su fortaleza, puedo hacerlo.
- Mi unión con Jesús me facilita todos los recursos que necesito.
- Soy todopoderoso en aquel que continúa derramando su poder en mí (Filipenses 4:13).
- Hoy me comunicaré con claridad y compasión para la gloria de Dios.

Cuando tenía dieciocho años, y estaba en mi primer año en el Instituto Bíblico Moody de Chicago, necesitaba ayuda económica. Afortunadamente, el Señor me proveyó una oportunidad para limpiar ventanas en un edificio de dieciséis pisos. Era un trabajo bien remunerado. Cada día de trabajo me presentaba en la recepción, y recogía las llaves de los apartamentos en los que haría el servicio. Cuando entraba a aquellos apartamentos, con frecuencia veía fotos degradantes, parafernalia de iniquidad y pornografía indecible. Esto era una experiencia nueva para mí. Recuerdo que oré, diciendo: "Señor, necesito este trabajo. Necesito el dinero; pero esto está destruyendo mi mente, así que necesito tu ayuda." A mi mente llegaron las palabras de Filipenses 4:8:

> Por lo demás, hermanos, todo lo que es verdadero, todo lo honesto, todo lo justo, todo lo puro, todo lo amable, todo lo que es de buen nombre; si hay virtud alguna, si algo digno de alabanza, en esto pensad.

Entonces pensé en el coro del himno *Camino con el Rey*:

> *Camino con el Rey, ¡Aleluya!*
> *Hablo con el Rey, ¡alabado sea su nombre!*
> *Ya no vago más. Mi rostro está de cara al hogar,*
> *Camino y hablo con el Rey.*

De este modo, desarrollé el hábito de abrir las puertas del apartamento sin mirar a la derecha ni a la izquierda. Concentraba mi mirada en la ventana más cercana, repetía en voz alta las palabras de Filipenses 4:8, y entonces entonaba el coro de *Camino con el Rey*. Esto puede parecerle inmaduro, pero déjeme decirle que eso salvó mi vida mental y me permitió continuar con ese trabajo bien remunerado que cubrió mis gastos en el Instituto Moody.

Cómo derrotar las preocupaciones

En 1959 escribí un libro titulado *Vence tus preocupaciones.* Se han vendido más de dos millones de ejemplares. Aún se sigue vendiendo, lo cual me demuestra que el libro satisface una necesidad profunda. Es más autobiográfico de lo que admitiría fácilmente. Cuando era un veinteañero sufrí una crisis nerviosa. Me deprimía de tal manera que habría hecho falta un jet que volara hasta su máxima altura para que yo llegara a lo más bajo. Entonces aprendí la lección del pensar en forma correcta. El personal de mi oficina con frecuencia ha comentado: "Usted nunca se desanimas, ¿verdad?" Yo respondo, "Gracias a Dios, no." No he tenido un día de desánimo desde la "conversión" de mi pensamiento en 1960, cuando tenía treinta y seis años de edad.

Muchos pasajes de las Escrituras enriquecen mis esfuerzos en esa dirección y, permítame decirle, que no se trata de una victoria de una vez y para siempre. Usted la necesita día tras día. Satanás hará todo lo que esté en su poder para obstaculizar su éxito, y lo hará de la manera más rápida y efectiva, perturbando su vida mental.

> El corazón alegre constituye buen remedio;
> mas el espíritu triste seca los huesos
> (Proverbios 17:22).

> Por nada estéis afanosos, sino sean conocidas vuestras peticiones delante de Dios en toda oración y ruego, con acción de gracias (Filipenses 4:6).

Me agrada la penetración y el ánimo que hay en las palabras del apóstol Pablo a los romanos: "No os conforméis a este siglo, sino transformaos por medio de la renovación de vuestro entendimiento, para que comprobéis cuál sea la buena voluntad de Dios, agradable y perfecta" (Romanos 12:2). Constantemente, Jeremías 29:11 estimula y enriquece mis esfuerzos en esta dirección: "Porque yo sé muy bien los planes que tengo para ustedes —afirma el Señor—, planes de bienestar y no de calamidad, a fin de darles un futuro y una esperanza."

Aquí tenemos tres poderosos pasajes más:

> La muerte y la vida están en poder de la lengua,
> y el que la ama comerá de sus frutos
> (Proverbios 18:21).

> O haced el árbol bueno, y su fruto bueno, o haced el árbol malo, y su fruto malo; porque por el fruto se conoce el árbol. ¡Generación de víboras! ¿Cómo podéis hablar lo bueno, siendo malos? Porque de la abundancia del corazón habla la boca. El hombre bueno, del buen tesoro del corazón saca buenas cosas; y el hombre malo, del mal tesoro saca malas cosas. Mas yo os digo que de toda palabra ociosa que hablen los hombres, de ella darán cuenta en el día del juicio. Porque por tus palabras serás justificado, y por tus palabras serás condenado (Mateo 12:33-37).

> No amen el dinero; conténtense con lo que tienen, porque Dios ha dicho: "Nunca te dejaré ni te abandonaré." Así que podemos decir con confianza: "El Señor es mi ayuda; no temeré. ¿Qué me puede hacer el hombre?" (Hebreos 13:5, 6 DHH).

Espacie sus repeticiones

El experto mundial en cuanto al éxito, Paul J. Meyer, acuñó la expresión que quiero que usted se grabe: "Repetición espaciada". Todos hemos tenido la experiencia de leer un artículo del periódico que consideramos penetrante. Generalmente, después de algunos días lo hemos olvidado por completo, lo que quiere decir, en primer lugar, que podríamos no haberlo leído. Lo más fácil del mundo es escribir un plan completo, y luego detenerse. Redactar un plan aporta una sensación de satisfacción como si aquello a lo que apuntamos ya se hubiera llevado a cabo. Pero, por supuesto, no es así. El plan no es un fin en sí mismo, es meramente una hoja de ruta que nos ayuda a ir en la dirección correcta. No es el viaje en sí. Por eso, leer sobre el éxito y luego ignorar lo que ha leído, a la larga, servirá muy poco para ayudarle. En vez de eso, debe regresar a lo que ha aprendido de manera que pueda reaprenderlo y golpetearlo en su mente.

En esto consiste la *repetición espaciada*, en concentrarse repetidamente en pasos específicos que usted sabe que debe dar para lograr el éxito. Como lo dice la Biblia, es "mandamiento tras mandamiento, mandato sobre mandato, renglón tras renglón, línea sobre línea, un poquito allí, otro poquito allá."

El pastor argentino Juan Carlos Ortiz nos habla de cuando llegó a una iglesia nueva y predicó un sermón. El domingo siguiente predicó, nuevamente, el mismo sermón. El domingo después de ese, cuando predicó por tercera vez el mismo sermón, algunos miembros de la congregación comenzaron a inquietarse. Le preguntaron por qué estaba predicando el mismo sermón una y otra vez. Él les respondió: "Cuando ustedes pongan en acción lo que les estoy enseñando, pasaré a otra cosa." En otra ocasión, Ortiz le dijo a su congregación: "El mensaje de hoy se titula "Ámense los unos a los otros"." Luego se bajó del púlpito y regresó a su asiento. Hubo silencio y la gente empezó a cuchichear entre sí. Ortiz regresó al púlpito, y dijo nuevamente: "El mensaje de hoy es "Ámense los unos a los otros"." Nuevamente se sentó. Después de otra pausa hizo lo mismo. "El mensaje de hoy es "Ámense los unos a los otros", y a menos que empecemos a hacerlo, no habrá más mensajes."

Juan Carlos Ortiz entendía lo que era la repetición espaciada y la usó con buenos resultados. Lo que oímos o leemos repetidamente pronto empieza a alojarse en nuestras mentes.

¿Recuerda usted la primera vez que manejó un automóvil de transmisión estándar? ¿Recuerda cuando se detenía en una colina elevada frente a un semáforo con luz roja, con un automóvil frente a usted y otro detrás? Necesitaba arrancar lo suficientemente rápido para impedir que el auto de atrás le golpeara el parachoques trasero, pero no tan rápido como para que usted golpeara al auto que iba delante de usted. Probablemente le tomó unas cuantas veces familiarizarse con la rutina. Pero ahora no tiene que pensar en los maniobras, las lleva a cabo de manera subconsciente.

Lo mismo puede decirse en cuanto a aprender a tocar el piano o cualquier otro instrumento musical. Al principio, trabaja conscientemente en cada nota. En el caso del piano, observa las teclas para asegurarse de que está dando a las correctas. Pero mientras más veces toque la misma pieza musical, menos necesitará el contacto visual y su interpretación se volverá más automática y subconsciente. Si usted es un pianista habilidoso, ni siquiera tiene que mirar las teclas.

Momento para decidir

Si usted trata de controlar sus pensamientos por medio de su fuerza de voluntad, va a fracasar. Cuando la imaginación tiene una batalla con la voluntad, la imaginación siempre gana. Por eso el apóstol Pablo ofrece su ejemplo de "derribar todo argumento y altivez que se levanta contra el conocimiento de Dios."

El mundo dice: *"Acepta lo que eres, porque eso no lo puedes cambiar."*

La Biblia enseña: *"Adiestra tu mente."* ¿Por qué? Porque su mente es la pista que determina por cuál camino corre su vida. Ignórela, y su mente le llevará en direcciones incongruentes con sus más profundos deseos. Adiéstrela, y se convertirá en su mayor activo individual en la búsqueda del éxito.

Al mundo o a la Biblia. ¿A cuál vas a escuchar?

Capítulo 12

El mundo dice: "Despreocúpate"

~

La Biblia enseña: "Considera el tiempo como si fuera oro"

Si usted quiere tener una medida instantánea de su potencial de éxito, dedique unos minutos para anotar lo que hace todo un día. No se engañe. ¿Cuántos minutos dedica a conversar, trabajar, tomar recesos, leer, ducharse, hacer llamadas, comer, ver el televisor, navegar en internet, departir socialmente con los amigos, jugar con sus hijos, hablar con su pareja?

Por lo regular, el manejo del tiempo de la mayoría de las personas es como una molécula, pequeñas partículas de verdadera sustancia separadas por grandes cantidades de espacios vacíos. En otras palabras, usted podría sacar mayor provecho de su día del que piensa que puede. Esa es la razón por la cual el viejo adagio dice que si uno quiere que se haga algo, debe pedirlo a una persona ocupada que lo haga. La gente ocupada sabe cómo manejar el tiempo.

El manejo eficiente del tiempo es una ciencia que cualquiera puede dominar. Sin embargo, usted tiene que prepararse para hacer una cosa: *disciplinarse*. Si no se autodisciplina, será como un perro no entrenado, corriendo siempre de aquí para allá sin la correa puesta, tomando decisiones de acuerdo con su estado de ánimo en ese momento, e incapaz de utilizar adecuadamente sus esfuerzos para un fin que valga la pena.

¿Qué puede usted reemplazar?

El tiempo es vida humana. Cuando el tiempo se acaba, su vida se acaba. La Biblia habla acerca de "redimir el tiempo" (Efesios 5:16). Redimir el tiempo significa aprovechar las oportunidades para servir. Dios nos ha dado a cada uno de nosotros una cantidad limitada de tiempo en la Tierra. La palabra griega traducida en el Nuevo Testamento como "redimir" podría traducirse "asegurar para uno, o para el uso propio". Puede interpretarse como "rescatar de la pérdida", o "usar para un propósito inteligente y sagrado".

El tiempo es el único activo irrecuperable. Usted no puede recuperar el minuto que acaba de pasar. Se ha ido, se perdió para siempre. Por eso, cuando usted pierde tiempo, pierde una parte de su vida. Cuando no tiene más tiempo, no tiene más vida. Su tiempo se acabó. La mayoría de otras cosas en la vida *pueden* ser recuperadas. Se puede recuperar el dinero. Mi querido amigo, el difunto Thomas F. Stanley, lo perdió todo en la quiebra de 1929. Pero poco tiempo después, un amigo le prestó dinero (algo así como 50 mil dólares, lo que en dinero actual representaría cerca de 1 millón). Junto con su joven primo, Richard S. Reynolds, fundó la empresa Reynolds Securities, y murió en la década de 1970 siendo un hombre muy rico. Recuperó su riqueza, pero no pudo añadir tiempo después que el Señor lo llamó al hogar celestial. En muchos casos, la salud también puede recuperarse.

Cuando tenía seis meses de edad contraje cólera. A los tres años sufrí una septicemia, casi mortal, debido a una contaminación bacterial. A los seis años me enfermé de viruela, a pesar de que había sido vacunado. De niño sufrí todas las enfermedades que sufren ellos, además de serios problemas glandulares. Mi médico me ordenó estar en cama catorce horas diarias, y todavía puedo recordar con mucha claridad el sabor el aceite de hígado de bacalao que tenía que tomar en grandes cantidades.

El día después de Navidad de 1940, iba por una carretera secundaria con un amigo en un Ford A convertible. Habíamos tenido una ola de frío durante varias semanas, pero después salió el sol. No sabíamos que había hielo bajo la grava. De repente, el auto patinó, perdió el control y se volcó. El parabrisas me hizo trizas la pierna. Unos cuantos centímetros más y me habría perforado el pecho, pude haber muerto. Los estreptococos infectaron la herida de mi pierna. La trombosis en mi cadera se estaba desplazando hacia mi corazón, y los médicos perdieron la esperanza de que sobreviviera. "Pienso que sería mejor hacerle una amputación", dijo uno de los médicos a mis padres. Sin embargo, mi padre era un hombre de una fe intrépida. "Por favor, solo espere un poquito más", le dijo al médico. Rogó a nuestros amigos que oraran. Pocos días después, el médico, un ateo declarado, dijo: "No puedo explicarlo, a menos que, como dicen ustedes, un poder sobrehumano haya intervenido." Aun así, guardé cama durante casi ocho meses.

En el momento de mi accidente la penicilina era desconocida, por lo que me administraban una dosis elevada de sulfanilamida. El conocimiento médico convencional en ese entonces era que una ingestión tan elevada de sulfanilamida causaba leucemia, lo que demostró ser mortal antes de que transcurrieran veinticinco años. Posteriormente, cuando contraté pólizas de seguro de vida con las compañías National Life y Accident and Prudential, cada una de ellas me cargó un 25% más a mis primas de seguro. Estaban convencidos de que yo no viviría hasta los 40 años. (¡Después me devolvieron las primas!)

Uno de los nombres de Dios en el Antiguo Testamento es *Jehová Rafha*, "el Señor nuestro sanador". Con toda seguridad, fue Él quien me sanó. Ahora, a mis ochenta y nueve años, Dios me ha bendecido con tan buena salud que el Dr. Kenneth H. Cooper, administrador de la Clínica Cooper, de Dallas, Texas, me dijo en una carta: "Tú desafías las probabilidades." Él piensa que es posible que esté activo a los 100 años.

Por la gracia de Dios y por su sanidad milagrosa pude recuperar mi salud, Pero no recuperé el tiempo que pasé en hospitales. Debido a las leyes que Dios ha establecido y que no puede violar, ni Él puede devolverme un día de los muchos años que tuve que guardar cama por mis enfermedades.

Usted puede también reemplazar a los amigos perdidos

Los amigos no son prescindibles; cada amistad es única. No obstante, los amigos que se pierden pueden ser reemplazados por otros. El apóstol Pablo escribió a Timoteo: "En mi primera defensa ninguno estuvo a mi lado, sino que todos me desampararon" (2 Timoteo 4:16). ¡Piense en eso! A muchos de ellos los había ganado para la fe en Cristo y, aun así, todos desaparecieron cuando él más los necesitó. Le dieron la espalda. Posteriormente, algunos regresaron, y también nuevos amigos llegaron.

Piense en Jesús mismo. Él sufrió, derramó su sangre, y murió por nuestros pecados. Pero uno de sus discípulos lo negó, otro lo traicionó, y cuando era crucificado "todos los discípulos, dejándole, huyeron" (Mateo 26:56). Pero desde ese tiempo, millones de personas han acudido a Él —"amigo hay más unido que un hermano" (Proverbios 18:24). Sin embargo, ni Pablo, ni su salvador, el Señor Jesús, pudieron recuperar el tiempo.

La necesidad de controlar el tiempo

Derrochar el tiempo es desperdiciar la vida. Controlar el tiempo es intensificarla. Las palabras del apóstol Pablo a los corintios pueden aplicarse a cada vida: "El tiempo es corto" (1 Corintios 7:29). Turquía cerró el estrecho de los Dardanelos a los barcos aliados en los primeros días de la Primera Guerra Mundial. Las potencias aliadas querían que se abriera el estrecho para que las municiones, que tanto se necesitaban, pudieran enviarse por esa vía en vez de hacerlo a través de Archangel, un puerto ruso que la mayor parte del año estaba bloqueado por el hielo. Con los Dardanelos abiertos, las potencias aliadas podrían unificar sus fuerzas.

Por tanto, en marzo de 1915, Gran Bretaña intentó forzar la apertura de los Dardanelos. Los turcos hundieron tres barcos de guerra británicos. Los británicos perdieron la esperanza de vencer y se retiraron. El servicio de inteligencia reveló posteriormente que los británicos podían haber abierto los Dardanelos si hubieran seguido el bombardeo por otros sesenta minutos. A los turcos se les habían agotado las municiones cuando los británicos se retiraron.

Solo seis minutos más, y los británicos habrían logrado la victoria. ¡Qué desperdicio de dinero y de vidas solo porque los sesenta minutos se dedicaron a un propósito equivocado! Esa sola hora hubiera apresurado la victoria aliada por meses. Se habría ahorrado dinero y también vidas. En realidad, la guerra bien podría haberse ganado dos años antes de que los norteamericanos entraran en ella en 1918.

Organícese para la excelencia

Conocí a Hank McCamish en 1965. A finales de 1964, la revista *Atlanta Magazine* escribió sobre él. Citó a uno de los más importantes empresarios de Atlanta, quien dijo que Hank era el hombre más auto organizado que jamás había conocido. Eso despertó mi interés y decidí conocerlo. La reunión tuvo lugar pocos meses después. Medía casi dos metros; era un hombre apuesto y de finos modales. Su oficina todavía tiene mi voto como la más impresionante que haya visitado, con su sencilla elegancia y sus discretos paneles de presentación. Como expresó nuestro mutuo amigo, Phil Gordon: "Por alguna razón, creí que el hombre de esa oficina no te trataría bien." Phil es un astuto y exitoso empresario, y no le gusta andarse por las ramas. Hank McCamish llegó a ser presidente de los seguros industriales Mesa Redonda del Millón de Dólares antes de cumplir los cuarenta años. Creo que él ha sido miembro del grupo más selecto de la Mesa desde el comienzo.

Un día, un grupo de sus colegas se reunió para discutir acerca del tema recuperación de información. Sabían que podían ir a una biblioteca y conseguir, por lo general en cuestión de minutos, cualquier cosa que quisieran. Pero las oficinas eran una cosa diferente. La información importante estaba, normalmente, sepultada entre papeles y se perdía. Decidieron hacer una investigación y presentaron un sistema de recuperación de información mejorado. Con el tiempo, el entusiasmo de los otros hombres se enfrió, pero Hank estaba decidido a encontrar una solución. Gastó una fortuna en investigación y desarrollo y encontró el mejor sistema de recuperación de su generación.

Puedo recordar un viaje alrededor del mundo con Hank y su esposa, Margaret, en el que hicimos una escala en la sala Clipper Club de la aerolínea Pan American, en el aeropuerto de Narita, Tokio, y tuvimos una conversación de dos horas en cuanto a organización. Según recuerdo, el periódico *New York Times* había escrito una crónica sobre él, bajo el encabezado "Chico de Dixie (sureño) muestra a los yanquis cómo hacer las cosas." Hank le huye a la publicidad. En esa ocasión, me dijo que el único gran componente de su éxito era la organización.

Cómo controlar su tiempo

Usted no puede hacerlo todo; por tanto, es mejor que determine lo que necesita hacer para tener una vida de logros, felicidad y satisfacción. Parte de esto se reduce a establecer buenos hábitos.

El presidente Franklin Delano Roosevelt tenía siempre un libro sobre su escritorio. Leía de diez a quince minutos entre una y otra reunión.

En la última parte del XVIII y la primera del XIX, el almirante británico Lord Nelson atribuía mucho de su éxito a su costumbre de toda la vida de estar presente con tiempo de anticipación de "un cuarto de hora".

Alan Lakein escribió el libro *How to Get Control of Your Time and Your Life* (Cómo tener el control de su tiempo y de su vida), del que se han vendido más de tres millones de ejemplares. El expresidente de los Estados Unidos, Bill Clinton, comenzó su autobiografía, *Mi vida* con una referencia a ese libro.

Lakein dice que planificar y tomar decisiones son, con frecuencia, trabajos arduos, a lo cual yo digo un sonoro ¡amén! Su sencillo sistema de prioridades produce grandes resultados. Él dice que hay que hacer una lista de tareas. Luego coloca una letra *A* mayúscula a la izquierda de las tareas que piensa que tienen gran importancia, una *B* para las de mediana importancia, y una *C* para las de menor importancia. Hasta cierto punto, usted se estará preguntando si eso funciona, pero es un cambio en la dirección correcta. Usted puede optimizar su efectividad al dirigir la mayor parte de tu tiempo hacia las *A*, y reservar las *B* y las *C* para después. Además, si quiere ser más minucioso, puedes subdividir las *A* en *A1*, *A2*, *A3*, y así sucesivamente.

Lakein dice que uno debe resignarse a no alcanzar las *C*, y probablemente no todas las *B*. Pero, ese es el punto. Lo que sí logre hacer es la parte más importante. Si Lakein hubiera escrito el libro hoy, estoy seguro de que hubiera recomendado el método

ThinkTQ [PiensaCT], un programa que aplica sus ideas a la era digital para la administración efectiva del tiempo. Ciertamente, esto ha transformado mi propia productividad vocacional (CT significa Cociente de Tiempo. Visite *www.thinktq.com/*). El CT proporciona la medida más confiable de las acciones que usted toma para producir resultados en tiempo. Mide con qué tanta inteligencia *actúa* usted, no qué tan inteligente *es*. El programa está basado en 100 acciones sencillas y fácilmente repetibles, y da a los miembros diez minutos diarios de aumento de rendimiento. Incluye una de las mejores explicaciones que he oído o leído sobre lo que es priorizar. También ofrece un registro numérico (y por lo tanto infaliblemente exacto) por medio del cual usted puede medir su nivel de desempeño en cada una de las diez áreas principales de su vida. Miles de egresados del Instituto Haggai en muchas naciones en todo el mundo utilizan este programa. Los creadores, E.R. Haas y Kent Madson, ofrecen cada día los más excelentes materiales para el desarrollo personal que usted no podrá encontrar en ninguna otra parte.

¿Quién está dirigiendo su cronograma?

El estudioso de la lógica y teólogo del siglo XIX, Richard Whately, dijo: "Pierda una hora en la mañana, y estará buscándola todo el día." Una de las maneras como mucha gente pierde esa ahora es acudiendo a su *laptop* para revisar sus correos electrónicos. El adiestrador en desarrollo de personal, Sid Savara, dice que esta es una idea muy equivocada. "Tan pronto como usted se levante, empiece a trabajar en algo importante durante treinta a cuarenta y cinco minutos, y solo después revise sus correos. Si puede resistirlo, espere un tiempo más largo. Algunos días yo no reviso, de ninguna manera, los correos hasta después de almorzar". ¿Por qué razón? "Porque al revisar los correos corre el riesgo de ponerse a hacer lo que alguien más quiere que usted haga." Si revisa los correos temprano en la mañana, dice Savara, lo más probable es que no ponga en orden sus propias prioridades. "Si no tiene una lista clara de prioridades, revisar sus correos se convierte en una actividad urgente que realiza a costa de las que son importantes". Además, "mientras más revise su correo, con mayor frecuencia la gente esperará que lo revise. Deje de hacerlo como lo primero que haga en la mañana y la gente ya no tendrá más esa expectativa".[1]

Nunca comience con postergaciones

¿Cuál de estas dos cosas hace usted primero: una tarea importante y placentera o una actividad de alta prioridad, sea o no placentera? La mayoría de las personas hacen lo primera antes que lo segundo. Postergan tomar decisiones difíciles. Le dan prioridad a las tareas placenteras por sobre las de alta prioridad.

¿Por qué postergamos las cosas? No soy psicólogo, pero soy un observador agudo del comportamiento humano y he llegado a la conclusión de que postergamos cuando una acción de alta prioridad nos crea tensión. Permítame ilustrarlo. Esta mañana, poco después de las 6, empecé a escribir este capítulo. Después de nueve horas, ya tenía en su forma final alrededor de 2,400 palabras. De pronto, por alguna razón, las perdí. Mi experto en tecnología de información me dijo que yo, sin darme cuenta, había cerrado el archivo sin guardarlo. Eso me provocó un malestar en la boca del estómago. Pensaba pasar la tarde de ese día con actividades relajantes, tales como una sesión de ejercicios en el gimnasio, llamar a algunos amigos, leer la autobiografía de John Bunyan, y trabajar en mi agenda de viajes del verano. Esas cosas habrían sido mucho más placenteras, pero una fecha límite me obligaba a retrasar mi hora normal de acostarme para poder terminar ese capítulo. Por supuesto, tener que apurarme con el trabajo añade también la ansiedad de que uno no pueda hacerlo en forma adecuada, y no quiero entregar trabajos de segunda categoría. No quiero provocar la crítica o la falta de respeto no cumpliendo con dar el tiempo adecuado a una tarea. Mi solución es simplemente hacer caso al consejo de Susan Jeffer y "sentir el miedo y hacerlo de todas maneras". No hay nada que destruya la ansiedad más rápido que ponerse a trabajar. Como dijo Emerson: "Haz lo que más te atemoriza, y con certeza, el temor morirá." Tu fortaleza, tu valentía y tu confianza aumentan con cada experiencia de mirar de frente al temor y actuar.

Siempre hay 101 razones para no hacer algo. Pero si usted rehúsa hacerse cargo de las tareas prioritarias, simplemente por el temor, estas se volverán graves y estará administrando mal su tiempo.

Suponga que comete un error. Al menos. tiene algo con lo cual trabajar. Usted puede mejorar cuando hay algo, pero no puede mejorar cuando no hay nada. El difunto Charlie "Tremendo" Jones dijo: "Nadie puede tomar decisiones correctas todo el tiempo, pero cualquiera puede tomar decisiones correctas." Es como el disparo de un misil desde un barco de guerra. Su trayectoria es en zigzag pero, continuamente, se corrige a sí mismo respondiendo a una retroalimentación negativa.

Y aquí hay algo importante que recordar. Finalizar una tarea de alta prioridad da una enorme sensación de éxito. Una decisión importante que se tome, es una decisión importante por la cual no tendrá que preocuparse más.

Tiempo negativo

Hay algunas cosas que le quitan su tiempo. Las interrupciones pueden dejarle frustrado e insatisfecho al final de un día de diez horas de trabajo. Ha dedicado el tiempo y aún siente como si no hubiera logrado nada. Curiosamente, somos tan capaces de interrumpirnos a nosotros mismos, como de permitir que otros nos interrumpan.

Usemos el ejemplo de los correos electrónicos. La Dra. Gloria Mark, profesora asociada de la Facultad de Información y Ciencias de la Computación Donald Bren, de la Universidad de California, en Irvine, hace una declaración sorprendente: "Desde un punto de vista de costo-beneficio, en términos del tiempo del trabajador, el correo electrónico no vale la pena."[2]

Durante mi último tiempo en el pastorado enfrenté una epidemia de interrupciones mucho mayor de las que había experimentado en las etapas anteriores. Algunos de mis maravillosos miembros de la iglesia llegaban y me decían: "Quise pasar por aquí para tener un tiempo de compañerismo con usted." ¡Y se quedaban entre media hora y dos horas! Tuve que inventar un plan para bloquear las interrupciones, sin ser ofensivo. El plan era sencillo. Quité todas las sillas de mi oficina, excepto en la que me sentaba. Cuando llegaba la gente, podía ponerme de pie, saludarlos afectuosamente, ofrecerles una golosina, y preguntarles *"¿En qué puedo ayudarte hoy?"* Si tenían un problema verdadero, podía responder con ayuda o enviarlos al encargado de nuestro departamento de consejería, quien era mucho mejor que yo aconsejando. Si me decían *"Solo pasé para saber cómo estaba"*, se los agradecía, tenía una breve oración, los despedía, y se marchaban contentos. Muy de vez en cuando, si la situación lo ameritaba, le pedía a mi secretaria que trajera una silla. Pero la silla era sacada siempre al terminar la visita.

Hasta donde sé, nadie se sintió ofendido. Dios nos dio un gran crecimiento. En 1954, la iglesia registró más conversiones y bautismos que cualquier iglesia de las once denominaciones más grandes de los Estados Unidos. Como dijimos en aquel entonces, lo digo ahora: "A Dios sea la gloria; grandes cosas ha hecho Él."

Un plan detallado para el día y un compromiso inquebrantable con las prioridades, neutralizarán la tentación de ceder a las interrupciones.

35 desperdiciadores de tiempo

Hace más de cuarenta años, el Dr. Alec MacKenzie escribió un libro titulado *The Time Trap: How to Get More Done in Less Time* (La trampa del tiempo: Cómo hacer más en menos tiempo). Es asombroso cuán poco ha cambiado desde 1970. He aquí la lista de MacKenzie de los desperdiciadores de tiempo:

Planificación

- No hay objetivos, prioridades o plan diario
- Cambio de prioridades
- Tareas no terminadas
- Emergencias en el trabajo y manejo de crisis
- Falta de fechas de plazo de entrega y soñar despierto.
- Intentar hacer demasiado a la vez y fijar tiempos de forma no realistas

Organización

- Desorganización personal y escritorio abarrotado
- Duplicación de esfuerzos
- Áreas de responsabilidad confusas
- Muchos jefes

Personal

- Personal no entrenado o inadecuado
- Demasiado o muy poco personal
- El personal trae sus problemas al lugar de trabajo

Dirección

- Hacerlo yo solo
- Demasiado enredado con detalles rutinarios
- Delegación inefectiva
- Falta de motivación

- Falta de coordinación o de trabajo de equipo
- No hay manejo de conflictos
- No se lidia con el cambio

Control

- Demasiada interrupción a causa del teléfono y las visitas
- Información incompleta
- No hay normas o informes de gestión
- Control en exceso
- Errores y desempeño no efectivo
- Pasar por alto el desempeño deficiente en vez de corregirlo
- Incapacidad para decir no

Comunicación

- Demasiadas reuniones con muy pocos objetivos
- Demasiada comunicación, muy poca, o sin propósitos claros
- No escuchar
- Departir socialmente en vez de trabajar

Toma de decisiones

- Decisiones apresuradas
- Indecisión y postergación
- Necesidad de tener todos los hechos
- Toma de decisiones por comité [3]

Entender la regla del 80-20

Wilfried Fritz Pareto fue un ingeniero italiano, sociólogo, economista, científico político y filósofo. Hizo varias contribuciones importantes a la economía, particularmente en el estudio de la distribución de los ingresos y en el análisis de las decisiones de los individuos.[4] En 1906 Pareto observó que el 80% de las tierras en Italia eran propiedad del 20% de la población. El consultor en administración del tiempo, Joseph M. Juran, observó que la proporción de 80-20 se producía en una cantidad de lugares, y la denominó el Principio de Pareto.[5] Preste atención a algunos ejemplos:

- 80% de las ventas proviene del 20% de los clientes.
- 80% de la producción es del 20% de la línea del producto.
- 80% de los permisos por enfermedad es tomado por el 20% de los empleados.
- 80% del uso de los archivos involucra el 20% de los archivos.
- 80% de las comidas repiten el 20% de los platos.
- 80% del tiempo viendo el televisor se consume viendo el 20% de los programas (más populares para la familia).
- 80% del tiempo de lectura se consume en el 20% de las páginas del periódico (primera plana, página deportiva, editoriales, columnas, artículos principales).
- 80% de las llamadas telefónicas provienen del 20% de todos los que llaman.
- 80% de las comidas fuera de casa se hacen en el 20% de todos los restaurantes.

Esto demuestra la importancia de concentrarse en los ítems de la letra *A* en su lista de cosas por hacer. Estas son el 20% que produce el 80% de los resultados deseados. Si tiene tiempo, trabaje en los ítems *B* (pero solo si tiene tiempo). Sin embargo, el Principio de Pareto revela claramente por qué debe olvidarse de los ítems *C*. Muy sencillo, la mayoría de la gente pasa el 80% de su tiempo produciendo el 20% de los resultados. De modo que no hay que ser un genio para determinar dónde encontrar más tiempo para realizar trabajos productivos. Su horario ya está sobrecargado con tiempo improductivo que pide ser redistribuido.

Momento para decidir

Sin embargo, una advertencia final. Algunas de las cosas más exitosas que hacemos comienzan siendo nuevas sin haberse puesto a prueba, desconocidas e inciertas. Hacerlas significa correr un riesgo. Parecen complejas. Demandan esfuerzo. Conllevan la posibilidad del fracaso. Es posible que se necesite la cooperación de personas con las cuales usted no precisamente se lleva bien.

No es de extrañarse que la gente ceda a la tentación de permanecer en la zona cómoda de las tareas placenteras y de baja prioridad. Eso les da la sensación de estar logrando algo, aunque lo que estén logrando sea mucho menos de lo que pudieran alcanzar. Por tanto, usted debe decidir si va a comprometerse con la mediocridad o atreverse a aspirar a lo máximo. Debe decidir si va a obedecer el mandato bíblico de redimir el tiempo. Si usted es cristiano, un hijo de Dios por la fe en Jesucristo, debe apreciar el lema de mi vida. Decenas de miles de líderes, y no pocas iglesias, lo han adoptado en más de 184 países.

> *Intenta algo tan grande para Dios que esté condenado al fracaso a menos que Dios esté en ello.*

El mundo dice: *"Despreocúpate. La vida es demasiado corta para estar luchando todo el tiempo. No es el fin del mundo si no terminas cada una de las cosas en tu lista de cosas por hacer."*

La Biblia enseña: *"Considera el tiempo como si fuera oro."* Usted tiene ya el que necesita, y Dios tiene una lista de cosas pendientes por hacer que solo usted puede llevar a cabo.

Al mundo o a la Biblia. ¿A cuál vas a escuchar?

Capítulo 13

El mundo dice: "No es tu problema"

La Biblia enseña: "Ama"

El Dr. E. Stanley Jones acababa de terminar de predicar a más de cien mil personas en la Convención de Maramon, en el estado de Kerala, India. Había sido un sermón largo, elocuente y apasionado acerca del poder del *ágape*. Había explicado su significado y lo había diferenciado de la otra palabra traducida como "amor" en el Nuevo Testamento. Después de haber conmovido las mentes y las emociones de la gran multitud de personas allí presentes, concluyó diciendo: "La mejor medicina para los problemas interpersonales es el amor." De regreso a su alojamiento, un hombre que lo había escuchado esa noche lo detuvo y le preguntó: "¿Qué haría usted con una persona que le siga intimidando, atormentando y también amenazando, después de que le ha dado toda demostración posible de amor?" La respuesta del Dr. Jones todavía resuena en los corredores de mi mente después de muchos, muchos años. Simplemente le dijo: "Aumente la dosis."

No hacen falta los sentimientos

En las secciones de Éxito y Desarrollo Personal de mi biblioteca personal usted no encontrará ninguna referencia al amor. La verdad es que no recuerdo haber leído alguna vez nada sustancioso acerca del amor en ningún libro motivacional. Aun así, el amor lo pondrá a usted más arriba en la escalera del éxito que cualquier otro atributo personal.

El griego del Nuevo Testamento usa diferentes palabras para describir y definir al amor. La palabra griega más comúnmente usada y traducida como "amor" en el Nuevo Testamento es *ágape*. Ese es el amor de Dios para con nosotros. Es un amor imparcial, sacrificial, mejor ejemplificado por Dios al salvarnos de nuestros pecados: "Porque de tal manera *amó* (*ágape*) Dios al mundo, que ha dado a su Hijo unigénito, para que todo aquel que en él cree, no se pierda, mas tenga vida eterna" (Juan 3:16). Dios dio a su hijo para salvarnos de nuestros pecados, si creemos. Él nos dio su amor incondicional a pesar de nuestro carácter.

Por naturaleza, nosotros no damos de esa manera. Generalmente damos amor en respuesta a cómo creemos que la gente se siente en cuanto a nosotros. Nuestro amor tiende a responder a la familiaridad y a la interacción directas. La palabra griega *fileo* define esa clase de amor. En el Nuevo Testamento se refiere generalmente al amor fraternal. *Fileo* proviene de nuestras emociones. Tanto creyentes como no creyentes pueden experimentar esta clase de amor. En cambio, *ágape* se deriva de una relación con Dios a través de Jesucristo, porque el alma no regenerada es incapaz de amar incondicionalmente. El amor ágape da, sacrifica, y no espera nada a cambio.

Estudie al apóstol Pedro. Su carácter estaba lejos de ser constante y de honra a Dios. Él era esclavo de sus emociones. Con frecuencia actuaba antes de pensar, respondiendo de maneras indebidas. Por ejemplo, Dios tuvo que interrumpirlo cuando sugirió que se construyeran tres enramadas, una para Jesús, una para Moisés, y una para Elías, en el Monte de la transfiguración (Mateo 17:4, 5).

Pedro era diestro en expresar *fileo* y, probablemente era popular por su carácter dinámico. Sin embargo, Dios quiere que nosotros expresemos *fileo* y *ágape*. En Juan 21:15-17 Jesús le pregunta a Pedro: "¿Me amas más que estos?" Pedro respondió: "Tú sabes que te amo". Jesús le hace la misma pregunta nuevamente, y obtiene la misma respuesta. Cuando Jesús le hizo la pregunta por tercera vez, Pedro dijo: "Tú lo sabes todo; tú sabes que te amo." Esta es la historia detrás de la historia. Las dos primeras veces, Jesús dijo "¿Me tienes *ágape*?" Pedro respondió "Tú sabes que te tengo *fileo* (siento afecto por ti)." Pero la tercera vez, Jesús le dijo "¿Me tienes *fileo*?" Pedro se entristeció (el significado puede también incluir dolor) de que Jesús bajara a su nivel. Quizá porque Pedro lo había negado tres veces, no quiso arriesgarse nuevamente a entristecer al Señor.

Este es el punto: *Fileo* es emoción mientras que *ágape* es un acto de la voluntad. Pedro, finalmente, captó el mensaje y lo expresó en su primera epístola: "Habiendo purificado vuestras almas por la obediencia a la verdad, mediante el Espíritu, para el amor (*fileo*) fraternal no fingido, amaos (*ágape*) unos a otros entrañablemente, de corazón puro" (1 Pedro 1:22). Los creyentes de las iglesias de Asia Menor ya habían expresado *fileo*, pero Pedro los estaba animando a que también manifestaran fervientemente *ágape*. Si usted es cristiano, tiene la exhortación de expresar ambos tipos de amor: el amor emocional y el amor incondicional guiado por el Espíritu. En la segunda epístola de Pedro, él dice que debemos proceder con excelencia moral. Sin embargo, esto no es suficiente. Los no creyentes tienden a caracterizar a los cristianos como personas que dicen a los demás cómo deben comportarse. Sin embargo, la vida cristiana no debe estar restringida únicamente a la excelencia moral sino que, por encima de todo, debe incluir tanto *fileo* como *ágape*. Estas son las palabras de Pedro en su segunda epístola:

> Vosotros también, poniendo toda diligencia por esto mismo, añadid a vuestra fe virtud; a la virtud, conocimiento; al conocimiento, dominio propio; al dominio propio, paciencia; a la paciencia, piedad; a la piedad, afecto fraternal (*fileo*); y al afecto fraternal, amor (*ágape*) (2 Pedro 1:5-7).

Lo leen en las ceremonias de bodas, pero ¿saben lo que quiere decir?

El capítulo más famoso sobre el *ágape* es 1 Corintios 13.

> Si yo hablase lenguas humanas y angélicas, y no tengo amor, vengo a ser como metal que resuena, o címbalo que retiñe. Y si tuviese profecía, y entendiese todos los misterios y toda ciencia, y si tuviese toda la fe, de tal manera que trasladase los montes, y no tengo amor, nada soy. Y si repartiese todos mis bienes para dar de comer a los pobres, y si entregase mi cuerpo para ser quemado, y no tengo amor, de nada me sirve.
>
> El amor es sufrido, es benigno; el amor no tiene envidia, el amor no es jactancioso, no se envanece; no hace nada indebido, no busca lo suyo, no se irrita, no guarda rencor; no se goza de la injusticia, mas se goza de la verdad. Todo lo sufre, todo lo cree, todo lo espera, todo lo soporta. El amor nunca deja de ser; pero las profecías se acabarán, y cesarán las lenguas, y la ciencia acabará. Porque en parte conocemos, y en parte profetizamos; mas cuando venga lo perfecto, entonces lo que es en parte se acabará.

> Cuando yo era niño, hablaba como niño, pensaba como niño, juzgaba como niño; mas cuando ya fui hombre, dejé lo que era de niño. Ahora vemos por espejo, oscuramente; mas entonces veremos cara a cara. Ahora conozco en parte; pero entonces conoceré como fui conocido.
>
> Y ahora permanecen la fe, la esperanza y el amor, estos tres; pero el mayor de ellos es el amor.

Aquí el apóstol Pablo describe al ágape como…

Paciente	Bondadoso
Sufrido	Benigno
Confiado	Abnegado
Esperanzado	Perseverante

No es…

Envidioso	Jactancioso
Orgulloso	Rudo
Egoísta	Rencoroso

El verdadero amor nunca falla. La descripción encaja perfectamente con el amor de Dios para con nosotros y establece la norma en cuanto a la manera como debemos amarle a Él, y amarnos nosotros unos a otros.

La Biblia dice que este amor incondicional es más importante que todo lo demás (una lista parcial incluye hablar en lenguas, profecía, conocimiento, fe, filantropía y esperanza). Todas estas cosas buenas pasarán. Solo el amor es eterno. Jesús dijo: "Amarás al Señor tu Dios con todo tu corazón, y con toda tu alma, y con toda tu mente" (Mateo 22:37). Luego añadió la segunda ley más importante: "Amarás a tu prójimo como a ti mismo." Hizo hincapié en que toda la ley dependía de estos dos mandamientos. Si usted trata de poner en práctica el *ágape* con sus propias fuerzas va a fracasar. Esta clase de amor solo es posible dependiendo del poder de Dios por la fe en Jesucristo. Aunque usted sea cristiano, no va a tener éxito si no permanece en Cristo.

Cuando estaba escribiendo un libro sobre liderazgo pasé muchas horas perfeccionando una definición de *ágape*. Esto es lo que escribí: "*Ágape* es el desprendimiento de la totalidad de nuestro ser en función de otro, para su beneficio y ayuda." Este amor no es el ejercicio de las emociones; es un acto de la voluntad. Permítame repetir esto de nuevo: el amor sacrificial no es una emoción, es un acto de la voluntad. Si usted hubiera experimentando continuamente la euforia emocional que sintió en su boda, al nacer su hijo, o al recibir un inesperado e inmenso aumento de sueldo y beneficios... no podría manejar y mantener siempre esta emoción. Su psiquis, al igual que su cuerpo, no podrían soportar esa clase de emoción extrema.

El *ágape,* aunque con frecuencia incluye esta clase de emoción, supera con creces un éxtasis temporal. No es una reacción a un estímulo externo. Es algo que usted decide hacer, aun cuando no sienta ganas de hacerlo.

Tener éxito significa amar lo desagradable

Cuando yo era un niño de diez años, odiaba a un chico en Camp Barakel, en Michigan. Era el muchacho más malvado que alguna vez hubiera conocido y les hacía la vida imposible a todos. Mi padre, quien formaba parte del personal como consejero, me hacía callar cada vez que yo explotaba en ira hacia ese muchacho. Una tarde, mi papá condujo hasta Battle Creek, a unos veinticuatro kilómetros de distancia, y fui con él. Después de haber recorrido pocos kilómetros, el carro empezó a fallar. Mi papá dijo: "Es raro, puede ser que el medidor de la gasolina esté defectuoso". Entonces se bajó del auto y usó una varilla de medir para comprobar si el tanque estaba en verdad vacío. Me dijo: "John Edmund, no tenemos gasolina." Él había llenado el tanque antes de salir. Con seguridad no podía haber consumido quince galones en solo unos pocos kilómetros. Al revisar el tanque de la gasolina encontró un hueco enorme debajo. Alguien había clavado una púa en el tanque. Ambos sabíamos quién era el culpable, pero mi padre me dijo con firmeza: "No juzgues hasta que conozcas los hechos."

Usted no puede imaginar la intensidad de mi rabia. Pero, yo tenía un padre chapado a la antigua y no me atrevía a expresar ninguna opinión que no estuviera de acuerdo con sus deseos. Así que no dije nada más. No hicimos el viaje a Battle Creek y regresamos al campamento gracias a un motociclista que pasó y vio que estábamos en aprietos.

Más tarde, ese mismo día, justo antes de la cena, me asombró y me molestó ver a mi papá sentado al final del muelle con ese chico. Para hacer mayor mi malestar, mi padre tenía su brazo puesto alrededor del muchacho mientras hablaban. Después me enteré que estaba testificándole al chico para ganarlo para la fe en Cristo.

Ahora bien, puedo garantizarle a usted que a mi padre no le agradaba ese muchacho; sin embargo, lo amaba. Y ese *ágape* se demostrada en el desprendimiento de la totalidad del ser de mi padre en caridad y ayuda al pequeño truhán.

Aun las mejores excusas no significan nada

En 1960 estaba dirigiendo una campaña de evangelismo en Wichita, Kansas. Más tarde, alguien preguntó: "¿Fue una buena reunión?" Yo respondí: "Oh sí, estuvo *encendida*. La semana después que me fui, el local se incendió por completo." En verdad, Dios había bendecido las reuniones con grandes multitudes y muchas conversiones.

Un par de años después de la campaña, el comité me llamó para ver si yo podía regresar para otra campaña de evangelismo con varias iglesias de la ciudad. Yo tenía compromisos firmes ya reservados, así que no pude aceptar la invitación que me hicieron. Ellos preguntaron: "¿Puede recomendarnos a alguien?" Les recomendé a un excelente evangelista que ya está con el Señor. Me devolvieron la llamada, diciéndome: "¿Sabe lo que Él está diciendo de usted?" "Sí, lo sé", respondí. Desafortunadamente, a diferencia de ustedes y de mí, ¡él no se da cuenta de lo maravillosa y perfecta persona que soy! Sin embargo, si él dirige la campaña de evangelismo en Wichita, creo que van a tener una gran reunión." Así que lo invitaron y tuvieron una campaña maravillosa. A mí no me gustaba el hombre, y no cruzaría la calle para pasar tiempo con él. Pero lo amaba y sabía que era un dínamo para Dios.

Amor a largo plazo

Jesús dijo: "Pero yo os digo: Amad a vuestros enemigos, bendecid a los que os maldicen, haced bien a los que os aborrecen, y orad por los que os ultrajan y os persiguen" (Mateo 5:44). Difícilmente podría usted encontrar una mejor descripción que la de la actitud de José hacia sus envidiosos y homicidas hermanos. Hasta el final fueron egoístas y falsos. Sin embargo, José, a quien muchos años antes habían vendido como esclavo, no dudó en tratarlos con *ágape*.

> Viendo los hermanos de José que su padre había muerto, dijeron: Quizá nos aborrecerá José, y nos dará el pago de todo el mal que le hicimos. Y enviaron a decir a José: Tu padre mandó antes de su muerte, diciendo: Así diréis a José: Te ruego que perdones ahora la maldad de tus hermanos y su pecado, porque mal te trataron; por tanto, ahora te rogamos que perdones la maldad de los siervos del Dios de tu padre. Y José lloró mientras hablaban. Vinieron también sus hermanos y

> se postraron delante de él, y dijeron: Henos aquí por siervos tuyos. Y les respondió José: No temáis; ¿acaso estoy yo en lugar de Dios? Vosotros pensasteis mal contra mí, mas Dios lo encaminó a bien, para hacer lo que vemos hoy, para mantener en vida a mucho pueblo. Ahora, pues, no tengáis miedo; yo os sustentaré a vosotros y a vuestros hijos. Así los consoló, y les habló al corazón (Génesis 50:15-21).

A José no le faltaba razón si hubiera decidido pelear. Fue vendido como esclavo en Egipto, y más tarde echado en prisión por haberse negado a la seducción de la vil esposa de Potifar. Este sabía que ella estaba mintiendo. Si hubiera creído que decía la verdad, habría ejecutado a José. Para salvar la reputación de la familia tenía que hacer algo, así que echó a José en la prisión. Más tarde, José interpretó correctamente los sueños de dos de sus compañeros de prisión, un copero y un panadero. José le dijo al copero: "Cuando seas puesto en libertad, acuérdate de mí". Tal como José lo había predicho, el panadero murió y el copero fue puesto en libertad. Pero se olvidó de José, es decir, hasta que el rey tuvo un sueño y necesitaba de alguien que lo interpretara, entonces el copero lo recordó y confesó su error para ayudar a José. Le habló a Faraón de la milagrosa capacidad de José. Después que José interpretó correctamente el sueño de Faraón (algo que los magos y sabios de la corte no pudieron hacer), no solo sacó a José de la prisión, sino que también lo convirtió en el segundo hombre más poderoso de todo Egipto.

¿Es eso éxito? Yo creo que sí. Usted puede leer todo el emocionante episodio en Génesis capítulos 40 al 41.

Pero usted puede decir que esa es una historia de la Biblia. ¿Podemos estar seguros de que la decisión de tratar a otros con *ágape* realmente funciona en el, a veces, severo y competitivo mundo de hoy? Haga la prueba.

El hombre que regateó el precio ¡hacia arriba!

El difunto Cecil Day, quien creó una de las más grandes cadenas de moteles de lujo de bajo presupuesto de la historia, practicaba regularmente el *ágape*.

En una ocasión quiso comprar una granja. Se acercó al dueño, que estaba sentado en el porche (o cobertizo) de la casa en la granja. Le preguntó al granjero si consideraría la posibilidad de venderle la propiedad, y el granjero le dijo que sí. Cecil le preguntó entonces qué precio quería, y el granjero le dio un precio. Cecil sabía que el valor de la propiedad era mucho mayor, y así se lo dijo al granjero. Le sugirió que le hiciera un avalúo a la propiedad. El granjero estuvo de acuerdo, y recibió muchos miles de dólares más por su propiedad a causa del *ágape* de Cecil. Además, aunque Cecil estaba acosado por las complicaciones económicas creadas por la recesión de los años 1973 y 1974, murió millonario. Donó millones para la obra del Señor, incluyendo al Instituto Haggai. Su viuda, ahora la señora de James Sander, continúa haciéndolo.

Mary Kay Ash ha sido elogiada como la más grande empresaria de los Estados Unidos por haber provisto de empleos bien remunerados a medio millón de mujeres. Ella edificó un imperio de cosméticos, pero insistía en que su principal meta, y la de la compañía era cambiar vidas. Mediante el ejemplo y el precepto, enseñó a millones cómo dar y cómo vivir. Una década después de su muerte, la fundación que estableció continúa ayudando en llevar a cabo el estilo de vida *ágape*. Igualmente, el difunto John Wanamaker creó la garantía de la devolución de dinero, que es ahora una práctica comercial estándar. Les concedió a sus empleados cuidados médicos gratuitos, educación, instalaciones para recreación, pensiones y planes de ganancias compartidas, antes que esos beneficios fueran considerados la norma. También fue pionero en promover el bienestar de los afroamericanos y de la población indígena nativa de Estados Unidos.

Johnny

En varias partes de este libro he mencionado a mi hijo Johnny. Permítame contarle un poco más acerca de las circunstancias que condujeron a su discapacidad.

Las etapas finales del embarazo de Chris estaban avanzando a la perfección. Un domingo por la tarde, mientras me preparaba para ir al servicio de la noche, Chris sintió la seguridad de que era el momento para ir al hospital. Notifiqué al hospital, e hice una llamada al médico que había estado siguiendo el embarazo de Chris desde el principio. El doctor no estaba en su casa. "Tengo que hablar con él", insistí. "Se trata de mi esposa. Ya está lista para dar a luz. Dígame dónde puedo ponerme en contacto con él". La persona que respondió no pudo ayudarme, así que de todas maneras nos dirigimos al hospital (un largo trayecto desde Lancaster hasta Columbia, Carolina del Sur).

—¿Está nuestro médico aquí?—, pregunté al vigilante mientras nos estacionábamos en la entrada de emergencias. Pero el médico ni siquiera había hecho contacto con el hospital.

—No debe haber ninguna razón para alarmarse—, nos aseguró una enfermera. —Las pacientes vienen regularmente al hospital a los primeros síntomas de alumbramiento. Luego, los médicos llegan con suficiente tiempo para asistir el parto.

—¿Mantendrá informado al doctor?—, le pregunté.

—Por supuesto—, dijo ella.

Sin embargo el doctor no se reportó al hospital. Tampoco dieron resultado todos mis esfuerzos por comunicarme con él por teléfono. Justo cuando estaba a punto de perder la paciencia, una de las enfermeras entró y me dijo:

—El doctor acaba de llamar. Le dimos un informe completo y él nos aseguró que todo estaba normal. Se mantendrá en contacto con nosotros.

—¡Se mantendrá en contacto con nosotros!— dije enojado.

—¡Qué clase de especialista es este. Él debería estar aquí!

El tiempo parecía interminable. Mi esposa se estaba poniendo cada vez más angustiada. Al final, pasamos toda la noche esperando. En la mañana le pregunté nuevamente a la enfermera si ella había intentado localizar al doctor.

—No entiendo nada, solo pude comunicarme con su asistente— dijo ella —y me dijo que el doctor estaba en su consultorio, pero que estaba muy ocupado para venir al hospital.

Yo exploté. Era increíble, absoluta y completamente increíble.

Más tarde la enfermera vino a la habitación y revisó la historia médica de mi esposa. Ella había sido muy profesional, competente para manejar la impaciencia de un padre primerizo. Ahora, sin embargo, la vi alarmada.

Mi reacción ante su alarma fue preguntarle:

—¿Este doctor atiende partos aquí?

—Por supuesto, varias veces a la semana—, dijo ella con nerviosismo.

—¡¿Con esta misma clase de conducta?!— ¡yo ya no podía más!

Se quedó muda, abochornada. Titubeé por un momento, y salí corriendo nuevamente hacia el teléfono. Esta vez pude comunicarme con el especialista. Por increíble que parezca, estaba en un cóctel. Vino al hospital, pero desde el momento en que entró al cuarto pude notar que había estado bebiendo. Sin embargo, sentí alivio. Al menos estaba allí.

—Llevémosla a la sala de parto—, dijo el especialista a la enfermera. Posteriormente, esa misma enfermera me dijo que a ese médico nunca se le debió haber autorizado atender el parto en esa condición. El bebé venía en posición de nalgas y con complicaciones. Si el doctor hubiera estado disponible y alerta desde más temprano y hubiera estado sobrio, de seguro hubiera atendido el parto haciendo una cesárea.

Esperé con impaciencia fuera de la sala de parto, caminando de aquí para allá como un león enjaulado. Y como soy una persona de amplio razonamiento, tiendo a colocar mucho énfasis en la solución de problemas. Sin embargo, estaba frente a un problema ante el cual no podía hacer nada.

El tiempo seguía siendo interminable.

Al final, salió el doctor. Al verlo noté que estaba intranquilo; las cosas no habían salido bien.

Eran las diez de la noche de aquel 27 de noviembre de 1950.

—¿Cómo está mi esposa?—, pregunté. —¿Y el bebé?

—Ya que usted es un pastor— me dijo moviendo su cabeza ligeramente de arriba hacia abajo, —le voy a citar algo de Isaías: "Él afeitará con una navaja alquilada."

Me dio una sonrisa forzada, y se marchó a la oscuridad de la noche. Nunca más volví a verlo.

¿Qué significa realmente el amor?

Esa cita equivocada del Antiguo Testamento no tuvo sentido para mí en ese entonces, y no lo tiene ahora, no en ese contexto. Pero cuando Johnny alcanzó la adultez, sus circunstancias eran tales que nunca más pudo afeitarse por sí solo.

Posteriormente supe que, a causa de la demora del doctor y de la inepta atención del parto, nuestro bebé sufrió hemorragias cerebrales, lo que le causó daños cerebrales severos. Su mandíbula fue seriamente lesionada. Ambas clavículas estaban rotas. Su pierna derecha quedó separada del núcleo de crecimiento. "Estoy dispuesta a poner toda mi carrera en riesgo porque esta ha sido la atención de parto más inexcusable que jamás haya visto. Si usted quiere demandar al médico por negligencia, yo seré su testigo principal. Su médico apenas sabía lo que estaba haciendo. Para ser completamente honesta, estaba borracho. Muy bien podría usted haber llamado a un mecánico de autos", me dijo después la enfermera supervisora. Por mi mente pasó como un rayo el rostro del especialista, el hombre que le robó a mi hijo el derecho que tenía de comenzar su vida. La ira creció como un fuego en mi mente. Entonces, recordé los consejos de mi padre, un gigante de la fe entre todos los grandes hombres que he conocido. Tranquilamente, pero con fortaleza y persuasión, eso me había desafiado a encontrar la segura voluntad de Dios en medio de esta experiencia, y no estar satisfecho con nada menos. Incliné mi cabeza. No recuerdo con qué palabras oré. Solo sé que me atreví a creer que mi Señor era soberano tanto en el valle como en la cima de la montaña, y que yo podía, con toda confianza, poner a mi hijo bajo su cuidado.

¿Puede usted entender el conflicto que tuve ante la perspectiva de una demanda por mala práctica? Aunque me aconsejaron que procediera a demandar, no podía aceptarlo. Este hombre era un brillante especialista de fama mundial. Esta fue simplemente una excepción. Demandarlo por mala práctica no ayudaría de ninguna manera a Johnny. Por otra parte, yo estaba seguro de que cuando él se diera cuenta de la tragedia que había causado, eso lo volvería sobrio, literal y en sentido figurado. Pero no fue así. El mismo doctor volvió a atender mal otros partos y, al final, falleció a una edad temprana. Hay una razón para decir que si yo hubiera procedido a demandarlo hubiera prevenido otras tragedias. Tal vez sea así. Pero, en ese momento, eso no era obvio, y ese modo de actuar habría abierto la puerta al resentimiento y la venganza. Honestamente puedo decirle que, por la gracia de Dios, descartamos esa opción.

También había grandes presiones para que abandonáramos a Johnny. Las autoridades médicas del hospital nos dieron un pronóstico completamente desalentador. "Llévenlo a una institución especial", fue lo que nos aconsejaron. "¿Qué sentido tiene que ustedes tengan que limitarse, siendo una pareja joven, por tener que cuidar a una pobre y desafortunada criaturita? Él nunca sabrá la diferencia, ya sea que *ustedes* velen por él o lo haga el personal de una institución adiestrado para lidiar con niños en su condición."

¿Qué habría maximizado mis posibilidades de "éxito"? Muchos padres habrían visto la lógica de las autoridades médicas del hospital. La discapacidad de un hijo se convierte en la de uno. El tiempo que podría haber dedicado al servicio cristiano y hacerse una carrera es consumido, en cambio, por un agotador régimen diario de cuidado a un inválido.

Pero, claro, esto nos obliga a preguntarnos qué es realmente el éxito. El éxito puede medirse según las escalas obvias y familiares del dinero, los logros y la influencia; o puede que no. Al final, la Biblia dice que el éxito no puede estar separado de la voluntad de Dios. Si Dios le ha hecho a usted un llamado, entonces, como en el caso de Jonás, el éxito descansa en tomarlo y correr con el mismo, aunque todas sus expectativas se desbarajusten. De repente, Chris y yo teníamos un hijo severamente dañado. Las posibilidades de que pudiera vivir una existencia normal eran remotas. Aun así, cuando me detenía a observar a nuestro hijo (y sé que lo mismo le sucedía a Chris) no tenía ninguna sensación de desesperanza. Chris y yo aceptamos por completo a Johnny. Lo amábamos. Él era un regalo para nosotros. La sugerencia de que lo entregáramos al cuidado de una institución nunca echó raíces en nuestras mentes ni por un instante. Johnny era nuestro bebé, carne de nuestra carne. Lo queríamos aunque solo pudiera mirarnos una vez al día, si tan solo pudiera alegrar nuestros corazones con una sonrisa todas las semanas, o meses o, si Dios quería, todos los años que pasáramos juntos.

De las muchas lecciones que la vida me ha enseñado, ninguna sobresale más que esta. Dios no permite que haya ninguna necesidad en nuestras vidas para la cual no nos dé la ayuda necesaria. Como ya lo han dicho otros, nuestra importunidad se convierte en una oportunidad para Dios. Es una promesa clara de la Biblia. "Mi Dios, pues, suplirá todo lo que os falta conforme a sus riquezas en gloria en Cristo Jesús" (Filipenses 4:19). En el libro de Filipenses, el apóstol Pablo afirmó esa promesa de la ayuda de

Dios, después de comentar la fidelidad de los filipenses en honrar a Dios a través de su mayordomía. Recibir de Dios es solo una parte de una calle de doble vía. Nosotros correspondemos mediante el fluir de nosotros mismos, de nuestros medios, para Él.

Ágape no es santidad. Usted no necesita una dispensación especial de parte de Dios antes de ponerlo en práctica. No es algo para lo cual necesite algún tipo de aptitud, o algo que requiera un cierto tipo de calificación. Es solo una manera de vivir la vida, una manera que yace por debajo de todos los demás principios tratados en este libro.

Momento para decidir

Recuerde, el *ágape* es un acto de la voluntad. Cualquiera puede demostrar *ágape* y beneficiarse de ello. En los negocios, en la vida familiar, en todas partes. Solo tiene que decidir hacerlo. Es el más grande atajo que Dios provee para el éxito. Puede parecer el atajo más difícil que tomará usted alguna vez, pero funciona.

El mundo dice: *"El mundo no es perfecto. Es una pena, pero despreocúpate, al final no es tu problema."*

La Biblia simplemente enseña: *"Ama"*, porque amar al Señor y amar a tu prójimo como a ti mismo resume todo lo que se le pide a usted, y todo el bien que pudiera lograr. Usted puede cambiar al mundo si tiene la visión y el deseo de hacerlo, porque eso es exactamente lo que Dios quiere que haga.

Al mundo o a la Biblia. ¿A cuál vas a escuchar?

Apéndice

Trece secretos y un plan de transformación de trece semanas

Di mi primera conferencia sobre el éxito en una gran reunión de líderes cristianos en Baltimore, Maryland, en 1964. Ellos respondieron de manera tan entusiasta que acepté posteriores solicitudes para hablar sobre el tema. Después de cuarenta y ocho años de respuestas semejantes del público, decidí aumentar el material y ponerlo en el libro que usted acaba de leer.

Recomiendo el material de este libro no porque lo haya escrito yo, sino simplemente porque escribí lo que he aprendido por medio de la Biblia, la observación, y las experiencias personales. Todo eso ha funcionado para mí, como ha funcionado también para miles de personas.

Entonces, ¿y ahora qué?

Al comienzo de este libro le pregunté si estaba dispuesto a ser honesto consigo mismo. Dije que si no estaba preparado para confrontar sus puntos débiles y lidiar con ellos, podía muy bien dejar de leer este libro. Bien, ha leído los trece capítulos y ahora tengo una segunda pregunta para usted: ¿Está preparado para poner en práctica lo que ha aprendido? Si no actúa, cualquier nueva percepción que ha recibido del Espíritu Santo inevitablemente se desvanecerá y le dejará exactamente donde estaba antes. Una lectura no corregirá un patrón habitual de conducta de toda la vida que opera en contra del éxito conforme a la Biblia. Así que si desea con toda seriedad vivir exitosamente, debe incorporar estos principios en su vida diaria de manera sistemática y disciplinada.

Una cosa es saber qué hacer; otra totalmente diferente es hacerlo. Permítame ilustrar esto. Mi vocabulario de reconocimiento es mucho más amplio que mi vocabulario funcional. Reconozco muchas más palabras de las que utilizo. Si quiero mejorar mi manera de pensar, necesito ocuparme constantemente de incorporar más vocabulario de reconocimiento en mi vocabulario funcional. ¿Por qué es así? Porque las palabras determinan el alcance, el contenido y la penetración de mis pensamientos. Por tanto, usted puede conocer todas las verdades en cuanto a la vida exitosa, pero su éxito dependerá de su aplicación rutinaria de estas verdades.

Para que usted tenga éxito, se requiere que pase de la fase de reconocimiento a la fase funcional. Necesita más que conocimiento si espera de disfrutar del éxito al máximo. Necesita aplicar lo que ya sabe.

El plan de trece semanas

Durante mi segundo año de escuela secundaria, mi profesor de inglés pidió a nuestra clase que leyéramos *La Autobiografía de Benjamín Franklin*. Este libro causó entonces una impresión indeleble en mí, igual que ahora, setenta y tres años más tarde. Benjamín Franklin llegó a la conclusión de que necesitaba dominar trece áreas de su vida. El número es pura coincidencia, las trece áreas que él identificó no son los mismos trece secretos del éxito extraídos de la Biblia, de los que he escrito. Pero su método ha permanecido en mí.

Para empezar, Franklin se propuso la meta de transformar su vida y de conducirla de una manera disciplinada y planificada. Después diseñó una cuadrícula con trece virtudes enumeradas en la columna de la izquierda, y las semanas (1 a la 13) como títulos en la parte superior. Cada semana se concentraba en una virtud.

Además, cada semana se calificaba a sí mismo en cuanto a qué tan bien o qué tan mediocremente le estaba yendo con las otras doce.

Eso es todo. No hay nada sofisticado en ello. No necesitó un complicado programa de computación para hacer funcionar el método (todo lo que tenía era una pluma y un cuaderno). Pero con este sistema podía cubrir todas las trece virtudes cada tres meses, es decir, cuatro veces al año.

Si recuerdo bien, hacia el final de su vida, Franklin dijo que había dominado todas las virtudes, excepto la del orden y la organización, lo cual es una paradoja ya que es difícil imaginar algo más ordenado u organizado que su sistema para internalizar sus virtudes.

Lo que sugiero aquí es un poco menos exigente que el sistema de Benjamín Franklin. Es un programa sencillo de trece semanas para el cambio personal que mantiene, al mismo tiempo, los trece secretos del éxito bajo evaluación. Eso es importante, porque probablemente encontrará algunas cosas más fáciles que otras. Por ejemplo, puede ser que no tenga problemas para establecer metas, pero falla en hacer el seguimiento porque no cultiva redes de apoyo, o no tiene al hábito de orar. Y es inútil tomar una solución parcial de la Biblia. Los trece secretos del éxito son como un equipo, si usted envía solamente seis jugadores a la cancha, es probable que pierda el juego.

Le sugiero que lo haga en dos etapas.

Etapa N.° 1: Pasos de acción

Primero, cada elemento del programa para lograr el éxito requiere pasos concretos, así que empiece convirtiendo los trece secretos del éxito en acciones planificadas. Necesitará algún tiempo para reflexionar en esto. No se apresure, porque todo lo que sigue dependerá de cómo exprese los secretos del éxito extraídos de la Biblia en acciones significativas.

Secreto 1: METAS

La Biblia enseña: "Conoce hacia dónde te diriges"
Escriba su meta principal en la vida.

Secreto 2: AYUDA

La Biblia enseña: "Atrae un equipo ganador"
Escriba los nombres de tres personas que sean claves para ayudarle a lograr sus metas para la vida.

Secreto 3: BASE

La Biblia enseña: "Revisa el GPS"
Escriba tres versículos de la Biblia que apoyen su meta principal en la vida.

Secreto 4: IMAGINACIÓN

La Biblia enseña: "Desecha la palabra "imposible"

Escriba tres obstáculos que tendrá que vencer para lograr su meta en la vida.

____

____

____

Secreto 5: APRENDIZAJE

La Biblia enseña: "Nunca desaproveches un fracaso"

Escriba un fracaso que haya experimentado, y lo que aprendió del mismo.

____

____

____

____

Secreto 6: APALANCAMIENTO

La Biblia enseña: "Triunfa y construye"

Escriba un logro personal o profesional, y cómo va a utilizarlo como palanca para tener más logros.

____

____

____

____

Secreto 7: ORACIÓN

La Biblia enseña: "Antes que todo, ora"
Escriba su plan confiable y regular para estudiar la Biblia y orar.

Secreto 8: SENCILLEZ

La Biblia enseña: "No lo compliques"
Escriba una cosa que hará para hacer más sencilla su vida.

Secreto 9: CARÁCTER

La Biblia dice: "Primero tu carácter que tu carrera"
Escriba tres aspectos del carácter a los cuales se mantendrás fiel en todas las circunstancias.

Secreto 10: GENEROSIDAD

La Biblia enseña: "Da y serás prosperado"
Escriba un resumen de su plan para dar, incluyendo sus diezmos, el objetivo y el monto por encima del diezmo que planeas entregar.

Secreto 11: ENFOQUE

La Biblia enseña: "Adiestra tu mente"
Escriba tres afirmaciones que se repetirá a sí mismo cada día para que le ayuden a lograr la meta principal de su vida.

Sección 12: MANEJO DEL TIEMPO

La Biblia enseña: "Considera al tiempo como si fuera oro"
Escriba tres maneras en cuanto a cómo mejorará el manejo de su tiempo a nivel personal y profesional.

Secreto 13: AMOR

La Biblia enseña: "Ama"
Escriba una nueva manera por medio de la cual demostrará *ágape* a los demás.

____

____

____

____

Etapa N.° 2: Gráfico de avance

La segunda etapa le tomará exactamente trece semanas. La cuadrícula de más abajo es un gráfico de avance. Contiene las áreas en que usted va a cambiar, y ofrece espacios para que defina exactamente qué acciones va a tomar. También proporciona espacios para que usted mismo se califique en cada área al final de la semana.

He aquí cómo utilizarlo. Al comienzo de una nueva semana (escoja una hora en que esté solo y sin distracciones) escriba el(los) paso(s) concretos que tomará en cada área en la semana siguiente. En algunos casos, simplemente mantendrá la misma acción que especificó la semana anterior. En otros, es aconsejable que seleccione nuevas acciones. Simplemente, escribir o reescribir estas acciones servirá para que usted concentre su mente.

Dé un paso a la vez. La primera semana tiene que ver solamente con el primer secreto del éxito. La siguiente se concentra en el segundo y revisa el primero. La tercera se concentra en el tercero y revisa los dos primeros… y así sucesivamente.

En su revisión/avance semanal, califíquese usted mismo en cada área que haya estado trabajando. Anótese tres marcas si se siente satisfecho con un avance; dos, si hay espacio para mejorar, y una si no se siente satisfecho en esa área en particular, o si ha retrocedido. Si se ha calificado con menos de tres, escriba la razón para su falta de avance y determine cómo va a ajustar su programa para seguir adelante.

Al final de las trece semanas habrá cubierto todos los trece secretos para el éxito extraídos de la Biblia y, probablemente, habrá logrado una cantidad sorprendente de avance. De allí en adelante, dependerá de usted. Si desea, puede continuar, como lo hacía Benjamín Franklin, repitiendo el ciclo hasta que sienta que ha internalizado todo suficientemente.

Semana 1: Metas

Secreto de Éxito	Pasos a dar	Punta	Desafío	Ajustar
Metas				

Semana 2: Ayuda

Secreto de Éxito	Pasos a dar	Punta	Desafío	Ajustar
Metas				
Ayuda				

Semana 3: Rudimentos

Secreto de Éxito	Pasos a dar	Punta	Desafío	Ajustar
Metas				
Ayuda				
Rudimentos				

Semana 4: Imaginación

Secreto de Éxito	Pasos a dar	Punta	Desafío	Ajustar
Metas				
Ayuda				
Rudimentos				
Imaginación				

Semana 5: Aprendizaje

Secreto de Éxito	Pasos a dar	Punta	Desafío	Ajustar
Metas				
Ayuda				
Rudimentos				
Imaginación				
Aprendizaje				

Semana 6: Apalancamiento

Secreto de Éxito	Pasos a dar	Punta	Desafío	Ajustar
Metas				
Ayuda				
Rudimentos				
Imaginación				
Aprendizaje				
Apalancamiento				

Semana 7: Oración

Secreto de Éxito	Pasos a dar	Punta	Desafío	Ajustar
Metas				
Ayuda				
Rudimentos				
Imaginación				
Aprendizaje				
Apalancamiento				
Oración				

Semana 8: Sencillez

Secreto de Éxito	Pasos a dar	Punta	Desafío	Ajustar
Metas				
Ayuda				
Rudimentos				
Imaginación				
Aprendizaje				
Apalancamiento				
Oración				
Sencillez				

Semana 9: Carácter

Secreto de Éxito	Pasos a dar	Punta	Desafío	Ajustar
Metas				
Ayuda				
Rudimentos				
Imaginación				
Aprendizaje				
Apalancamiento				
Oración				
Sencillez				
Carácter				

Semana 10: Generosidad

Secreto de Éxito	Pasos a dar	Punta	Desafío	Ajustar
Metas				
Ayuda				
Rudimentos				
Imaginación				
Aprendizaje				
Apalancamiento				
Oración				
Sencillez				
Carácter				
Generosidad				

Semana 11: Enfoque

Secreto de Éxito	Pasos a dar	Punta	Desafío	Ajustar
Metas				
Ayuda				
Rudimentos				
Imaginación				
Aprendizaje				
Apalancamiento				
Oración				
Sencillez				
Carácter				
Generosidad				
Enfoque				

Semana 12: Manejo del tiempo

Secreto de Éxito	Pasos a dar	Punta	Desafío	Ajustar
Metas				
Ayuda				
Rudimentos				
Imaginación				
Aprendizaje				
Apalancamiento				
Oración				
Sencillez				
Carácter				
Generosidad				
Enfoque				
Manejo del tiempo				

Semana 13: Amor

Secreto de Éxito	Pasos a dar	Punta	Desafío	Ajustar
Metas				
Ayuda				
Rudimentos				
Imaginación				
Aprendizaje				
Apalancamiento				
Oración				
Sencillez				
Carácter				
Generosidad				
Enfoque				
Manejo del tiempo				
Amor				

Una nota personal

Me gustaría saber de usted. Por favor, siéntase en libertad de hacerme una pregunta, discutir más a fondo alguna faceta de este tema, o averiguar acerca de mis otros libros, monografías y grabaciones. Los libros abarcan muchos temas, incluyendo cómo invertir su influencia, controlar su dinero y crear relaciones que le den realce a su vida personal y a su carrera.

Oro para que al leer este libro y actuar con base en lo que ha aprendido, encuentre beneficios para toda su vida y estímulo continuo.

founder@haggai-institute.com

www.haggai-institute.com

John Edmund Haggai

PO Box 13

Atlanta GA 30370 USA

Acerca del Dr. John Edmund Haggai

John Edmund Haggai, Fundador y Presidente del Instituto Haggai de Adiestramiento de Liderazgo Avanzado, es autor, conferencista y "líder de líderes" aclamado internacionalmente. Es autor de varios libros, incluyendo *Vence tus preocupaciones* y *365 Things Every Successful Leader Should Know* (365 cosas que todo líder exitoso debiera saber). Ha ayudado a personas de todo el mundo con sus fórmulas prácticas para vencer la preocupación, la aflicción, la soledad y las situaciones al parecer "imposibles".

Notas

¿Por qué la Biblia contiene los secretos del éxito?

1. Richard V. Pierard. "*The Man Who Gave the Bible to the Burmese*", *Christian History & Biography* (Spring 2006) 90: 16-21. Citado en Wikipedia, q.v. "Adoniram Judson." en.wikipedia.org/wiki/Adoniram_Judson

2. Rosalie Hall Hunt. "*Unforgettable*", *Christian History& Biography* (Spring 2006) 90: 39-41. Citado en Wikipedia, q.v. "Adoniram Judson." en.wikipedia.org/wiki/Adoniram_Judson

3. Wikipedia, q.v. "Adoniram Judson." en.wikipedia.org/wiki/Adoniram_Judson

Capítulo 1: El mundo dice: "No seas tonto"

1. Varios párrafos adaptados de Wikipedia, q.v. "R.G. LeTourneau." en.wikipedia.org/wiki/R._G._LeTourneau

Capítulo 2: El mundo dice: "Confía en ti mismo"

1. Napoleon Hill. *The Law of Success* (New York: Tarcher, 2008), p. 5.

2. Ibid., p. 6.

3. B.C. Forbes, citado en Edward J. Wheeler, ed., *Current Opinion*, vol. 63 (julio–diciembre 1917), p. 309.

Capítulo 3: El mundo dice: "Aprovecha tus oportunidades"

1. Silas Bent. *Justice Oliver Wendell Holmes* (Whitefish: Kessinger, 2008), p. 131.

2. Edward Bok. *The Americanization of Edward Bok* (New York: Cosimo Classics, 2005), p. 271.

Capítulo 5: El mundo dice: "No te busques problemas"

1. J.K. Rowling. "The Fringe Benefits of Failure, and the Importance of Imagination" Citado en *Harvard Magazine*, Junio 5 de 2008. harvardmagazine.com/2008/06/ the-fringe-benefits-failure-the-importance-imagination/

Capítulo 7: El mundo dice: "Simplemente, hazlo"

1. William Lyon Phelps. "Human Nature in the Bible" *The Ladies' Home Journal*, Noviembre 1921, p. 8.

2. Atribuido a varios.

Capítulo 8: El mundo dice: "Lee siempre las letras chiquitas"

1. Martin y Hilbert y Priscilla López. "The World's Technological Capacity to Store, Communicate, and Compute Information." *Science*, 332 (6025): 60-65. Citado en

Wikipedia, s.v. "Exabyte." en.wikipedia.org/wiki/Exabyte

2. Ted Nicholas. "Biggest Contribution to Copyrighting." Citado en *Copyrighter's Clearinghouse*, Marzo 3 de 2012.

Capítulo 9: El mundo dice: "Ten como objetivo ganar"

1. "The Ethics of American Youth." Josephson Institute. charactercounts.org/programs/ reportcard/

2. Citado en Raymond Loewy, *Never Leave Well Enough Alone* (Baltimore: Johns Hopkins University Press, 2002), p. 72.

Capítulo 12: El mundo dice: "Despreocúpate"

1. Sid Savara. "7 Reasons You Should Never Check Email First Thing in the Morning." *Personal Development Training with Sid Savara.* sidsavara.com/personal-development/ do-not-check-email-in-the-morning

2. Jennifer Robison. "Too Many Interruptions at Work?" *Gallup Business Journal.* Business-journal.gallup.com/content/23146/too-many-interruptions-work.aspx

3. Alec MacKenzie. *The Time Trap: How to Get More Done in Less Time* (New York: McGraw Hill, 1970), n.p.

4. Wikipedia, q.v. Vilfredo Pareto. en.wikipedia.org/wiki/ Vilfredo_Pareto

5. Wikipedia, q.v. Pareto Principle. en.wikipedia.org/wiki/ Pareto_principle